LA VIDA ES SUEÑO:
CALDERÓN DE LA BARCA

Pedro Calderón de la Barca
Literatura Pública

A tenor de los artículos 13, 26 y 41 del Real Decreto Legislativo 1/1996, de 12 de abril, por el que se aprueba el texto refundido de la Ley de Propiedad Intelectual, los derechos de explotación de la obra durarán toda la vida del autor y setenta años después de su muerte o declaración de fallecimiento. La extinción de los derechos de explotación de las obras determinará su paso al dominio público. Las obras de dominio público podrán ser utilizadas por cualquiera, siempre que se respete la autoría y la integridad de la obra, en los términos previstos. No son objeto de propiedad intelectual las disposiciones legales o reglamentarias y sus correspondientes proyectos, las resoluciones de los órganos jurisdiccionales y los actos, acuerdos, deliberaciones y dictámenes de los organismos públicos, así como las traducciones oficiales de todos los textos anteriores.

La vida es sueño: Calderón de la Barca
Pedro Calderón de la Barca, Literatura Pública
ISBN 9798729605941
Edición de septiembre de 2020, España
Obra de dominio público
Derechos reservados de
maquetación y edición
CC Licencia Creative Commons
@literaturapublicaoficial
literaturapublica@outlook.es
Portada diseñada con imágenes de Freepik.com, con
recursos de lukasdedi y freepik
La difusión, reventa, o similares, del presente documento
solo puede llevarse a cabo con el conocimiento y
consentimiento del autor

ÍNDICE

Fábula de Polifemo y Galatea 1
Personajes 3

PRIMER ACTO 4
SEGUNDO ACTO 52
TERCER ACTO 114

La vida es sueño

Personajes

ROSAURA, dama.

SEGISMUNDO, príncipe.

COTALDO, viejo.

ESTRELLA, infanta.

CLARÍN, gracioso.

BASILIO, rey.

ASTOLFO, príncipe.

Soldados.

Guardas.

PRIMER ACTO

(En las montañas de Polonia)

Salen en lo alto de un monte ROSAURA, en

hábito de hombre, de camino, y en representado los primeros versos va bajando

ROSAURA— Hipogrifo violento

que corriste parejas con el viento,

¿dónde, rayo sin llama,

pájaro sin matiz, pez sin escama,

y bruto sin instinto

natural, al confuso laberinto

de esas desnudas peñas

te desbocas, te arrastras y despeñas?

Quédate en este monte,

donde tengan los brutos su Faetonte;

que yo, sin más camino

que el que me dan las leyes del destino,

ciega y desesperada

bajaré la cabeza enmarañada

de este monte eminente,

que arruga al sol el ceño de su frente.

Mal, Polonia, recibes

a un extranjero, pues con sangre escribes

su entrada en tus arenas,

y apenas llega, cuando llega a penas;
bien mi suerte lo dice;
mas ¿dónde halló piedad un infelice?

Sale CLARÍN, gracioso

CLARÍN— Di dos, y no me dejes
en la posada a mí cuando te quejes;
que si dos hemos sido
los que de nuestra patria hemos salido
a probar aventuras,
dos los que entre desdichas y locuras
aquí habemos llegado,
y dos los que del monte hemos rodado,
¿no es razón que yo sienta
meterme en el pesar, y no en la cuenta?

ROSAURA— No quise darte parte
en mis quejas, Clarín, por no quitarte,
llorando tu desvelo,
el derecho que tienes al consuelo.
Que tanto gusto había
en quejarse, un filósofo decía,
que, a trueco de quejarse,
habían las desdichas de buscarse.

CLARÍN— El filósofo era
un borracho barbón; ¡oh, quién le diera

más de mil bofetadas!

Quejárase después de muy bien dadas.

Mas ¿qué haremos, señora,

a pie, solos, perdidos y a esta hora

en un desierto monte,

cuando se parte el sol a otro horizonte?

ROSAURA— ¿Quién ha visto sucesos tan extraños!

Mas si la vista no padece engaños

que hace la fantasía,

a la medrosa luz que aun tiene el día,

me parece que veo

un edificio.

CLARÍN— O miente mi deseo,

o termino las señas.

ROSAURA— Rústico nace entre desnudas

peñas

un palacio tan breve

que el sol apenas a mirar se atreve;

con tan rudo artificio

la arquitectura está de su edificio,

que parece, a las plantas

de tantas rocas y de peñas tantas

que al sol tocan la lumbre,

peñasco que ha rodado de la cumbre.

CLARÍN— Vámonos acercando;
que éste es mucho mirar, señora, cuando
es mejor que la gente
que habita en ella, generosamente
nos admita.

ROSAURA— La puerta
-mejor diré funesta boca- abierta
está, y desde su centro
nace la noche, pues la engendra dentro.

Suena ruido de cadenas

CLARÍN— ¿Qué es lo que escucho, cielo!

ROSAURA— Inmóvil bulto soy de fuego y hielo.

CLARÍN— ¿Cadenita hay que suena?
Mátenme, si no es galeote en pena.
Bien mi temor lo dice.

Dentro SEGISMUNDO

SEGISMUNDO— ¡Ay, mísero de mí, y ay infelice!

ROSAURA— ¡Qué triste vos escucho!
Con nuevas penas y tormentos lucho.

CLARÍN— Yo con nuevos temores.

ROSAURA— Clarín...

CLARÍN— ¿Señora...?

ROSAURA— Huyamos los rigores

de esta encantada torre.

CLARÍN— Yo aún no tengo

ánimo de huír, cuando a eso vengo.

ROSAURA— ¿No es breve luz aquella

caduca exhalación, pálida estrella,

que en trémulos desmayos

pulsando ardores y latiendo rayos,

hace más tenebrosa

la obscura habitación con luz dudosa?

Sí, pues a sus reflejos

puedo determinar, aunque de lejos,

una prisión obscura;

que es de un vivo cadáver sepultura;

y porque más me asombre,

en el traje de fiera yace un hombre

de prisiones cargado

y sólo de la luz acompañado.

Pues huír no podemos,

desde aquí sus desdichas escuchemos.

Sepamos lo que dice.

Descúbrese SEGISMUNDO con una cadena y

la luz vestido de pieles

SEGISMUNDO— ¡Ay mísero de mí, y ay infelice!

Apurar, cielos, pretendo,

ya que me tratáis así,
qué delito cometí
contra vosotros naciendo.
Aunque si nací, ya entiendo
qué delito he cometido;
bastante causa ha tenido
vuestra justicia y rigor,
pues el delito mayor
del hombre es haber nacido.
Sólo quisiera saber
para apurar mis desvelos
-dejando a una parte, cielos,
el delito del nacer-,
¿qué más os pude ofender,
para castigarme más?
¿No nacieron los demás?
Pues si los demás nacieron,
¿qué privilegios tuvieron
que no yo gocé jamás?
Nace el ave, y con las galas
que le dan belleza suma,
apenas es flor de pluma,
o ramillete con alas,
cuando las etéreas salas

corta con velocidad,
negándose a la piedad
del nido que dejan en calma;
¿y teniendo yo más alma,
tengo menos libertad?
Nace el bruto, y con la piel
que dibujan manchas bellas,
apenas signo es de estrellas
-gracias al docto pincel-,
cuando, atrevido y cruel,
la humana necesidad
le enseña a tener crueldad,
monstruo de su laberinto;
¿y yo, con mejor instinto,
tengo menos libertad?
Nace el pez, que no respira,
aborto de ovas y lamas,
y apenas bajel de escamas
sobre las ondas se mira,
cuando a todas partes gira,
midiendo la inmensidad
de tanta capacidad
como le da el centro frío;
¿y yo, con más albedrío,

tengo menos libertad?

Nace el arroyo, culebra

que entre flores se desata,

y apenas sierpe de plata,

entre las flores se quiebra,

cuando músico celebra

de las flores la piedad

que le dan la majestad

del campo abierto a su huída;

¿y teniendo yo más vida,

tengo menos libertad?

En llegando a esta pasión,

un volcán, un Etna hecho,

quisiera sacar del pecho

pedazos del corazón.

¿Qué ley, justicia o razón

negar a los hombres sabe

privilegios tan süave

excepción tan principal,

que Dios le ha dado a un cristal,

a un pez, a un bruto y a un ave?

ROSAURA— Temor y piedad en mí

sus razones han causado.

SEGISMUNDO— ¿Quién mis voces ha escuchado?

¿Es Clotaldo?

CLARÍN— Di que sí.

ROSAURA— No es sino un triste, ¡ay de mí!,
que en estas bóvedas frías
oyó tus melancolías.

SEGISMUNDO— Pues la muerte te daré
porque no sepas que sé
que sabes flaquezas mías.
Sólo porque me has oído,
entre mis membrudos brazos
te tengo de hacer pedazos.

CLARÍN— Yo soy sordo, y no he podido
escucharte.

ROSAURA— Si has nacido
humano, baste el postrarme
a tus pies para librarme.

SEGISMUNDO— Tu voz pudo enternecerme,
tu presencia suspenderme,
y tu respeto turbarme.
¿Quién eres? Que aunque yo aquí
tan poco del mundo sé,
que cuna y sepulcro fue
esta torre para mí;
y aunque desde que nací

-si esto es nacer- sólo advierto
eres rústico desierto
donde miserable vivo,
siendo un esqueleto vivo,
siendo un animado muerte.
Y aunque nunca vi ni hablé
sino a un hombre solamente
que aquí mis desdichas siente,
por quien las noticias sé
del cielo y tierra; y aunque
aquí, por que más te asombres
y monstruo humano me nombres,
este asombros y quimeras,
soy un hombre de las fieras
y una fiera de los hombres.
Y aunque en desdichas tan graves,
la política he estudiado,
de los brutos enseñado,
advertido de las aves,
y de los astros süaves
los círculos he medido,
tú sólo, tú has suspendido
la pasión a mis enojos,
la suspensión a mis ojos,

la admiración al oído.

Con cada vez que te veo

nueva admiración me das,

y cuando te miro más,

aun más mirarte deseo.

Ojos hidrópicos creo

que mis ojos deben ser;

pues cuando es muerte el beber,

beben más, y de esta suerte,

viendo que el ver me da muerte,

estoy muriendo por ver.

Pero véate yo y muera;

que no sé, rendido ya,

si el verte muerte me da,

el no verte ¿qué me diera?

Fuera más que muerte fiera,

ira, rabia y dolor fuerte

fuera vida. De esta suerte

su rigor he ponderado,

pues dar vida a una desdichado

es dar a un dichoso muerte.

ROSAURA— Con asombro de mirarte,

con admiración de oírte,

ni sé qué pueda decirte,

ni qué pueda preguntarte;
sólo diré que a esta parte
hoy el cielo me ha guïado
para haberme consolado,
si consuelo puede ser
del que es desdichado, ver
a otro que es más desdichado.
Cuentan de un sabio que un día
tan pobre y mísero estaba,
que sólo se sustentaba
de unas yerbas que comía.
¿Habrá otro -entre sí decíamás pobre y triste que yo?
Y cuando el rostro volvió,
halló la respuesta, viendo
que iba otro sabio cogiendo
las hojas que él arrojó.
Quejoso de la fortuna
yo en este mundo vivía,
y cuando entre mí decía—
¿Habrá otra persona alguna
de suerte más importuna?,
piadoso me has respondido;
pues volviendo en mi sentido,
hallo que las penas mías,

para hacerlas tú alegrías

las hubieras recogido.

Y por si acaso mis penas

pueden aliviarte en parte,

óyelas atento, y toma

las que de ellas no sobraren.

Yo soy...

Dentro CLOTALDO

CLOTALDO— Guardas de esta torre,

que, dormidas o cobardes,

disteis paso a dos personas

que han quebrantado la cárcel...

ROSAURA— Nueva confusión padezco.

SEGISMUNDO— Éste es Clotaldo, mi alcalde.

¿Aun no acaban mis desdichas?

CLOTALDO— Acudid, y vigilantes,

sin que puedan defenderse,

o prendedles o matadles.

TODOS— ¡Traición!

CLARÍN— Guardas de esta torre,

que entrar aquí nos dejasteis,

pues que nos dais a escoger,

el prendernos es más fácil.

Sale CLOTALDO con pistola y soldados, todos con los rostros cubiertos

CLOTALDO— Todos os cubrid los rostros;

que es diligencia importante

mientras estamos aquí

que no nos conozca nadie.

CLARÍN— ¿Enmascaraditos hay?

CLOTALDO— ¡Oh vosotros que, ignorantes

de aqueste vedado sitio,

coto y término pasasteis

contra el decreto del rey,

que manda que no ose nadie

examinar el prodigio

que entre estos peñascos yace!

Rendid las armas y vidas,

o aquesta pistola, áspid

de metal, escupirá

el veneno penetrante

de dos balas, cuyo fuego

será escándalo del aire.

SEGISMUNDO— Primero, tirano dueño,

que los ofendas y agravies,

será mi vida despojo

de estos lazos miserables;

pues en ellos, ¡vive Dios!,

tengo de despedazarme

con las manos, con los dientes,

entre aquestas peñas, antes

que su desdicha consienta

y que llore sus ultrajes.

CLOTALDO— Si sabes que tus desdichas,

Segismundo, son tan grandes,

que antes de nacer moriste

por ley del cielo; si sabes

que aquestas prisiones son

de tus furias arrogantes

un freno que las detenga

y una rienda que las pare,

¿por qué blasonas? La puerta

cerrad de esa estrecha cárcel;

escondedle en ella.

Ciérranle la puerta, y dice dentro

SEGISMUNDO— ¡Ah, cielos,

qué bien hacéis en quitarme

la libertad; porque fuera

contra vosotros gigante,

que para quebrar al sol

esos vidrios y cristales,

sobre cimientos de piedra

pusiera montes de jaspe!

CLOTALDO— Quizá porque no los pongas,

hoy padeces tantos males.

ROSAURA— Ya que vi que la soberbia

te ofendió tanto, ignorante

fuera en no pedirte humilde

vida que a tus plantas yace.

Muévate en mí la piedad;

que será rigor notable,

que no hallen favor en ti

ni soberbias ni humildades.

CLARÍN— Y si Humildad y Soberbia

no te obligan, personajes

que han movido y removido

mil autos sacramentales,

yo, ni humilde ni soberbio,

sino entre las dos mitades

entreverado, te pido

que nos remedies y ampares.

CLOTALDO— ¡Hola!

SOLDADOS— Señor...

CLOTALDO— A los dos

quitad las armas, y atadles

los ojos, porque no vean

cómo ni de dónde salen.

ROSAURA— Mi espada es ésta, que a ti
solamente ha de entregarse,
porque, al fin, de todos eres
el principal, y no sabe
rendirse a menos valor.
CLARÍN— La mía es tal, que puede darse
al más ruín. Tomadla vos.
ROSAURA— Y si he de morir, dejarte
quiero, en fe de esta piedad,
prenda que pudo estimarse
por el dueño que algún día
se la ciñó; que la guardes
te encargo, porque aunque yo
no sé qué secreto alcance,
sé que esta dorada espada
encierra misterios grandes,
pues sólo fïado en ella
vengo a Polonia a vengarme
de un agravio.
CLOTALDO— ¡Santos cielos! (Aparte)
¿Qué es esto? Ya son más graves
mis penas y confusiones,
mis ansias y mis pesares).
¿Quién te la dio?

ROSAURA— Una mujer.

CLOTALDO— ¿Cómo se llama?

ROSAURA— Que calle

su nombre es fuerza.

CLOTALDO— ¿De qué

infieres agora, o sabes,

que hay secreto en esta espada?

ROSAURA— Quien me la dio, dijo— "Parte

a Polonia, y solicita

con ingenio, estudio o arte,

que te vean esa espada

los nobles y principales;

que yo sé que alguno de ellos

te favorezca y ampare;"

que, por si acaso era muerto,

no quiso entonces nombrarle.

CLOTALDO— ¡Válgame el cielo! ¿Qué escucho? (Aparte)

Aún no sé determinarme

si tales sucesos son

ilusiones o verdades.

Esta espada es la que yo

dejé a la hermosa Violante,

por señas que el que ceñida

la trujera había de hallarme

amoroso como hijo
y piadoso como padre.
¿Pues qué he de hacer, ¡ay de mí!,
en confusión semejante,
si quien la trae por favor,
para su muerte la trae,
pues que sentenciado a muerte
llega a mis pies? ¡Qué notable
confusión! ¡Qué triste hado!
¡Qué suerte tan inconstante!
Éste es mi hijo, y las señas
dicen bien con las señales
del corazón, que por verle
llama al pecho y en él bate
las alas, y no pudiendo
romper los candados, hace
lo que aquel que está encerrado,
y oyendo ruido en la calle
se arroja por la ventana,
y él así, como no sabe
lo que pasa, y oye el ruido,
va a los ojos a asomarse,
que son ventanas del pecho
por donde en lágrimas sale.

¿Qué he de hacer? ¡Válgame el cielo!
¿Qué he de hacer? Porque llevarle
al rey, es llevarle, ¡ay triste!,
a morir. Pues ocultarle
al rey, no puedo, conforme
a la ley del homenaje.
De una parte el amor propio,
y la lealtad de otra parte
me rinden. Pero ¿qué dudo?
La lealtad del rey, ¿no es antes
que la vida y que el honor?
Pues ella vida y él falte.
Fuera de que, si agora atiendo
a que dijo que a vengarse
viene de un agravio, hombre
que está agraviado es infame.
No es mi hijo, no es mi hijo,
ni tiene mi noble sangre.
Pero si ya ha sucedido
un peligro, de quien nadie
se libró, porque el honor
es de materia tan frágil
que con una acción se quiebra,
o se mancha con un aire,

¿qué más puede hacer, qué más
el que es noble, de su parte,
que a costa de tantos riesgos
haber venido a buscarle?
Mi hijo es, mi sangre tiene,
pues tiene valor tan grande;
y así, entre una y otra duda
el medio más importante
es irme al rey y decirle
que es mi hijo que le mate.
Quizá la misma piedad
de mi honor podrá obligarle;
y si le merezco vivo,
yo le ayudaré a vengarse
de su agravio, mas si el rey,
en sus rigores constante,
le da muerte, morirá
sin saber que soy su padre).
Venid conmigo, extranjeros,
no temáis, no, de que os falte
compañía en las desdichas;
pues en duda semejante
de vivir o de morir
no sé cuáles son más grandes.

Vanse todos

(En el palacio real)

Sale por una puerta ASTOLFO con acompañamiento de soldados, y por otra ESTRELLA con damas. Suena música.

ASTOLFO— Bien al ver los excelentes

rayos, que fueron cometas,

mezclan salvas diferentes

las cajas y las trompetas,

los pájaros y las fuentes;

siendo con música igual,

y con maravilla suma,

a tu vista celestial

unos, clarines de pluma,

y otras, aves de metal;

y así os saludan, señora,

como a su reina las balas,

los pájaros como a Aurora,

las trompetas como a Palas

y las flores como a Flora;

porque sois, burlando el día

que ya la noche destierra,

Aurora, en el alegría,

Flora en paz, Palas en guerra,

y reina en el alma mía.

ESTRELLA— Si la voz se ha de medir
con las acciones humanas,
mal habéis hecho en decir
finezas tan cortesanas,
donde os pueda desmentir
todo ese marcial trofeo
con quien ya atrevida lucho;
pues no dicen, según creo,
las lisonjas que os escucho,
con los rigores que veo.
Y advertid que es baja acción,
que sólo a una fiera toca,
madre de engaño y traición,
el halagar con la boca
y matar con la intención.

ASTOLFO— Muy mal informado estáis,
Estrella, pues que la fe
de mis finezas dudáis,
y os suplico que me oigáis
la causa, a ver si la sé.
Falleció Eustorgio Tercero,
rey de Polonia; quedó
Basilio por heredero,

y dos hijas, de quien yo
y vos nacimos. No quiero
cansar con lo que no tiene
lugar aquí, Clorilene,
vuestra madre y mi señora,
que en mejor imperio agora
dosel de luceros tiene,
fue la mayor, de quien vos
sois hija; fue la segunda,
madre y tía de los dos,
la gallarda Recisunda,
que guarde mil años Dios;
casó en Moscovia; de quien
nací yo. Volver agora
al otro principio es bien.
Basilio, que ya, señora,
se rinde al común desdén
del tiempo, más inclinado
a los estudios que dado
a mujeres, enviudó
sin hijos, y vos y yo
aspiramos a este estado.
Vos alegáis que habéis sido
hija de hermana mayor;

yo, que varón he nacido,

y aunque de hermana menor,

os debo ser preferido.

Vuestra intención y la mía

a nuestro tío contamos;

él respondió que quería

componernos, y aplazarnos

este puesto y este día.

Con esta intención salí

de Moscovia y de su tierra;

con ésta llegué hasta aquí,

en vez de haceros yo guerra

a que me la hagáis a mí.

¡Oh!, quiera Amor, sabio dios,

que el vulgo, astrólogo cierto,

hoy lo sea con los dos,

y que pare este concierto

en que seáis reina vos,

pero reina en mi albedrío.

Dándoos, para más honor,

su corona nuestro tío,

sus triunfos vuestro valor

y su imperio el amor mío.

ESTRELLA— A tan cortés bizarría

menos mi pecho no muestra,

pues la imperial monarquía,

para sólo hacerla vuestra

me holgara que fuese mía;

aunque no está satisfecho

mi amor de que sois ingrato,

si en cuanto decís sospecho

que os desmiente ese retrato

que está pendiente del pecho.

ASTOLFO— Satisfaceros intento

con él... Mas lugar no da

tanto sonoro instrumento,

que avisa que sale ya

el rey con su parlamento.

Tocan y sale el rey BASILIO, viejo y acompañamiento

ESTRELLA— Sabio Tales...

ASTOLFO— Docto Euclides...

ESTRELLA— ...que entre signos...

ASTOLFO— ...que entre estrellas...

ESTRELLA— ...hoy gobiernas...

ASTOLFO— ...hoy resides...

ESTRELLA— ...y sus caminos...

ASTOLFO— ...sus huellas...

ESTRELLA— ...describes...

ASTOLFO— ...tasas y mides...

ESTRELLA— ...deja que en humildes lazos...

ASTOLFO— ...deja que en tiernos abrazos...

ESTRELLA— ...hiedra de ese tronco sea.

ASTOLFO— ...rendido a tus pies me vea.

BASILIO— Sobrinos, dadme los brazos,
y creed, pues que leales
a mi precepto amoroso
venís con afectos tales,
que a nadie deje quejoso
y los dos quedéis iguales;
y así, cuando me confieso
rendido al prolijo peso,
sólo os pido en la ocasión
silencio, que admiración
ha de pedirla el suceso.
Ya sabéis -estadme atentos,
amados sobrinos míos,
corte ilustre de Polonia,
vasallo, deudos y amigos--,
ya sabéis que yo en el mundo
por mi ciencia he merecido
el sobrenombre de docto,
pues, contra el tiempo y olvido,

los pinceles de Timantes,

los mármoles de Lisipo,

en el ámbito del orbe

me aclaman el gran Basilio.

Ya sabéis que son las ciencias

que más curso y más estimo,

matemáticas sutiles,

por quien al tiempo le quito,

por quien a la fama rompo

la jurisdicción y oficio

de enseñar más cada día;

pues, cuando en mis tablas miro

presentes las novedades

de los venideros siglos,

le gano al tiempo las gracias

de contar lo que yo he dicho.

Esos círculos de nieve,

esos doseles de vidrio

que el sol ilumina a rayos,

que parte la luna a giros;

esos orbes de diamantes,

esos globos cristalinos

que las estrellas adornan

y que campean los signos,

son el estudio mayor
de mis años, son los libros
donde en papel de diamante,
en cuadernos de zafiros,
escribe con líneas de oro,
en caracteres distintos,
el cielo nuestros sucesos
ya adversos o ya benignos.
Éstos leo tan veloz,
que con mi espíritu sigo
sus rápidos movimientos
por rumbos o por caminos.
¡Pluguiera al cielo, primero
que mi ingenio hubiera sido
de sus márgenes comento
y de sus hojas registro,
hubiera sido mi vida
el primero desperdicio
de sus iras, y que en ellas
mi tragedia hubiera sido;
porque de los infelices
aun el mérito es cuchillo,
que a quien le daña el saber
homicida es de sí mismo!

Dígalo yo, aunque mejor
lo dirán sucesos míos,
para cuya admiración
otra vez silencio os pido.
En Clorilene, mi esposa,
tuve un infelice hijo,
en cuyo parto los cielos
se agotaron de prodigios.
Antes que a la luz hermosa
le diese el sepulcro vivo
de un vientre -porque el nacer
y el morir son parecidos-,
su madre infinitas veces,
entre ideas y delirios
del sueño, vio que rompía
sus entrañas, atrevido,
un monstruo en forma de hombre,
y entre su sangre teñido,
le daba muerte, naciendo
víbora humana del siglo.
Llegó de su parto el día,
y los presagios cumplidos
-porque tarde o nunca son
mentirosos los impíos-,

nació en horóscopo tal,
que el sol, en su sangre tinto,
entraba sañudamente
con la luna en desafío;
y siendo valla la tierra,
los dos faroles divinos
a luz entera luchaban,
ya que no a brazo partido.
El mayor, el más horrendo
eclipse que ha padecido
el sol, después que con sangre
lloró la muerte de Cristo,
éste fue, porque anegado
el orbe entre incendios vivos,
presumió que padecía
el último parosismo;
los cielos se escurecieron,
temblaron los edificios,
llovieron piedras las nubes,
corrieron sangre los ríos.
En este mísero, en este
mortal planeta o signo,
nació Segismundo, dando
de su condición indicios,

pues dio la muerte a su madre,

con cuya fiereza dijo—

"Hombre soy, pues que ya empiezo

a pagar mal beneficios."

Yo, acudiendo a mis estudios,

en ellos y en todo miro

que Segismundo sería

el hombre más atrevido,

el príncipe más crüel

y el monarca más impío,

por quien su reino vendría

a ser parcial y diviso,

escuela de las traiciones

y academia de los vicios;

y él, de su furor llevado,

entre asombros y delitos,

había de poner en mí

las plantas, y yo, rendido,

a sus pies me había de ver

-¡con qué congoja lo digo!-

siendo alfombra de sus plantas

las canas del rostro mío.

¿Quién no da crédito al daño,

y más al daño que ha visto

en su estudio, donde hace
el amor propio su oficio?
Pues dando crédito yo
a los hados, que adivinos
me pronosticaban daños
en fatales vaticinios,
determiné de encerrar
la fiera que había nacido,
por ver si el sabio tenía
en las estrellas dominio.
Publicóse que el infante
nació muerto, y prevenido
hice labrar una torre
entre las peñas y riscos
de esos montes, donde apenas
la luz ha hallado camino,
por defenderle la entrada
sus rústicos obeliscos.
Las graves penas y leyes,
que con públicos editos
declararon que ninguno
entrase a un vedado sitio
del monte, se ocasionaron
de las causas que os he dicho.

Allí Segismundo vive
mísero, pobre y cautivo,
adonde sólo Clotaldo
le ha hablado, tratado y visto.
Éste le ha enseñado ciencias;
éste en la ley le ha instruído
católica, siendo solo
de sus miserias testigo.
Aquí hay tres cosas— La una
que yo, Polonia, os estimo
tanto, que os quiero librar
de la opresión y servicio
de un rey tirano, porque
no fuera señor benigno
el que a su patria y su imperio
pusiera en tanto peligro.
La otra es considerar
que si a mi sangre le quito
el derecho que le dieron
humano fuero y divino,
no es cristiana caridad;
pues ninguna ley ha dicho
que por reservar yo a otro
de tirano y de atrevido,

pueda yo serlo, supuesto
que si es tirano mi hijo,
porque él delito no haga,
vengo yo a hacer los delitos.
Es la última y tercera
el ver cuánto yerro ha sido
dar crédito fácilmente
a los sucesos previstos;
pues aunque su inclinación
le dicte sus precipicios,
quizá no le vencerán,
porque el hado más esquivo,
la inclinación más violenta,
el planeta más impío,
sólo el albedrío inclinan,
no fuerzan el albedrío.
Y así, entre una y otra causa
vacilante y discursivo,
previne un remedio tal,
que os suspenda los sentidos.
Yo he de ponerle mañana,
sin que él sepa que es mi hijo
y rey vuestro, a Segismundo,
que aqueste su nombre ha sido,

en mi dosel, en mi silla,
y en fin, en el lugar mío,
donde os gobierne y os mande,
y donde todos rendidos
la obediencia le juréis;
pues con aquesto consigo
tres cosas, con que respondo
a las otras tres que he dicho.
Es la primera, que siendo
prudente, cuerdo y benigno,
desmintiendo en todo al hado
que de él tantas cosas dijo,
gozaréis el natural
príncipe vuestro, que ha sido
cortesano de unos montes
y de sus fieras vecino.
Es la segunda, que si él,
soberbio, osado, atrevido
y cruel, con rienda suelta
corre el campo de sus vicios,
habré yo, piadoso, entonces
con mi obligación cumplido;
y luego en desposeerle
haré como rey invicto,

                    siendo el volverle a la cárcel

                    no crueldad, sino castigo.

                    Es la tercera, que siendo

                    el príncipe como os digo,

                    por lo que os amo, vasallos,

                    os daré reyes más dignos

                    de la corona y el cetro;

                    pues serán mis dos sobrinos

                    que junto en uno el derecho

                    de los dos, y convenidos

                    con la fe del matrimonio,

                    tendrá lo que han merecido.

                    Esto como rey os mando,

                    esto como padre os pido,

                    esto como sabio os ruego,

                    esto como anciano os digo;

                    y si el Séneca español,

                    que era humilde esclavo, dijo,

                    de su república un rey,

                    como esclavo os lo suplico.

ASTOLFO— Si a mí responder me toca,

                    como el que, en efecto, ha sido

                    aquí el más interesado,

                    en nombre de todos digo,

que Segismundo parezca,

pues le basta ser tu hijo.

TODOS— Danos al príncipe nuestro,

que ya por rey le pedimos.

BASILIO— Vasallos, esa fineza

os agradezco y estimo.

Acompañad a sus cuartos

a los dos atlantes míos,

que mañana le veréis.

TODOS— ¡Viva el grande rey Basilio!

Vanse todos. Antes que se va el rey BASILIO,

sale CLOTALDO, ROSAURA, CLARÍN, y

detiénese el rey

CLOTALDO— ¿Podréte hablar?

BASILIO— ¡Oh, Clotaldo!,

tú seas muy bien venido.

CLOTALDO— Aunque viniendo a tus plantas

es fuerza el haberlo sido,

esta vez rompe, señor,

el hado triste y esquivo

el privilegio a la ley

y a la costumbre el estilo.

BASILIO— ¿Qué tienes?

CLOTALDO— Una desdicha,

señor, que me ha sucedido,

cuando pudiera tenerla

por el mayor regocijo.

BASILIO— Prosigue.

CLOTALDO— Este bello joven,

osado o inadvertido,

entró en la torre, señor,

adonde al príncipe ha visto,

y es...

BASILIO— No te aflijas, Clotaldo;

si otro día hubiera sido,

confieso que lo sintiera;

pero ya el secreto he dicho,

y no importa que él los sepa,

supuesto que yo lo digo.

Vedme después, porque tengo

muchas cosas que advertiros

y muchas que hagáis por mí;

que habéis de ser, os aviso,

instrumento del mayor

suceso que el mundo ha visto;

y a esos presos, porque al fin

no presumáis que castigo

descuidos vuestros, perdono.

Vase el rey BASILIO

CLOTALDO— ¡Vivas, gran señor, mil siglos!
(Mejoró el cielo la suerte. *Aparte*
Ya no diré que es mi hijo,
pues que lo puedo excusar).
Extranjeros peregrinos,
libres estáis.

ROSAURA— Tus pies beso
mil veces.

CLARÍN— Y yo los piso,
que una letra más o menos
no reparan dos amigos.

ROSAURA— La vida, señor, me das dado;
y pues a tu cuenta vivo,
eternamente seré
esclavo tuyo.

CLOTALDO— No ha sido
vida la que yo te he dado;
porque un hombre bien nacido,
si está agraviado, no vive;
y supuesto que has venido
a vengarte de un agravio,
según tú propio me has dicho,
no te he dado vida yo,

porque tú no la has traído;

que vida infame no es vida.

(Bien con aquesto le animo). Aparte

ROSAURA— Confieso que no la tengo,

aunque de ti la recibo;

pero yo con la venganza

dejaré mi honor tan limpio,

que pueda mi vida luego,

atropellando peligros,

parecer dádiva tuya.

CLOTALDO— Toma el acero bruñido

que trujiste; que yo sé

que él baste, en sangre teñido

de tu enemigo, a vengarte;

porque acero que fue mío

-digo este instante, este rato

que en mi poder le he tenido-,

sabrá vengarte.

ROSAURA— En tu nombre

segunda vez me le ciño.

Y en él juro mi venganza,

aunque fuese mi enemigo

más poderoso.

CLOTALDO— ¿Eslo mucho?

ROSAURA— Tanto, que no te lo digo,

no porque de tu prudencia

mayores cosas no fío,

sino porque no se vuelva

contra mí el favor que admiro

en tu piedad.

CLOTALDO— Antes fuera

ganarme a mí con decirlo;

pues fuera cerrarme el paso

de ayudar a tu enemigo.

(¡Oh, si supiera quién es!) Aparte

ROSAURA— Porque no pienses que estimo

tan poco esa confianza,

sabe que el contrario ha sido

no menos que Astolfo, duque

de Moscovia.

CLOTALDO— (Mal resisto Aparte

el dolor, porque es más grave,

que fue imaginado, visto.

Apuremos más el caso).

Si moscovita has nacido,

el que es natural señor,

mal agraviarte ha podido;

vuélvete a tu patria, pues,

y deja el ardiente brío

que te despeña.

ROSAURA— Yo sé

que aunque mi príncipe ha sido

pudo agraviarme.

CLOTALDO— No pudo,

aunque pusiera, atrevido,

la mano en tu rostro. (¡Ay, cielos!)

ROSAURA— Mayor fue el agravio mío.

CLOTALDO— Dilo ya, pues que no puedes

decir más que yo imagino.

ROSAURA— Sí dijera; mas no sé

con qué respeto te miro,

con qué afecto te venero,

con qué estimación te asisto,

que no me atrevo a decirte

que es este exterior vestido

enigma, pues no es de quien

parece. Juzga advertido,

si no soy lo que parezco

y Astolfo a casarse vino

con Estrella, si podrá

agraviarme. Harto te he dicho.

Vanse ROSAURA y CLARÍN

CLOTALDO— ¡Escucha, aguarda, detente!
¿Qué confuso laberinto
es éste, donde no puede
hallar la razón el hilo?
Mi honor es el agraviado,
poderoso el enemigo,
yo vasallo, ella mujer;
descubra el cielo camino;
aunque no sé si podrá,
cuando, en tan confuso abismo,
es todo el cielo un presagio,
y es todo el mundo un prodigio.

Vase CLOTALDO

FIN DEL PRIMER ACTO

SEGUNDO ACTO

(En el palacio real)

Salen el rey BASILIO y CLOTALDO

CLOTALDO— Todo, como lo mandaste,

queda efectuado.

BASILIO— Cuenta,

Clotaldo, cómo pasó.

CLOTALDO— Fue, señor, de esta manera—

con la apacible bebida

que de confecciones llena

hacer mandaste, mezclando

la virtud de algunas hierbas,

cuyo tirano poder

y cuya secreta fuerza

así el humano discurso

priva, roba y enajena,

que deja vivo cadáver

a un hombre, y cuya violencia,

adormecido, le quita

los sentidos y potencias...

No tenemos que argüir

que aquesto posible sea,

pues tantas veces, señor,

nos ha dicho la experiencia,

y es cierto, que de secretos
naturales, está llena
la medicina, y no hay
animal, planta ni piedra
que no tenga calidad
determinada, y si llega
a examinar mil venenos
la humana malicia nuestra
que den la muerte, ¿qué mucho
que, templada su violencia,
pues hay venenos que maten,
haya venenos que aduerman?
Dejando aparte el dudar,
si es posible que suceda,
pues que ya queda probado
con razones y evidencias...
Con la bebida, en efeto,
que el opio, la adormidera
y el beleño, compusieron,
bajé a la cárcel estrecha
de Segismundo; con él
hablé un rato de las letras
humanas, que le ha enseñado
la muda naturaleza

de los montes y los cielos,
en cuya divina escuela
la retórica aprendió
de las aves y las fieras.
Para levantarle más
el espíritu a la empresa
que solicitas, tomé
por asunto la presteza
de una águila caudalosa,
que despreciando la esfera
del viento, pasaba a ser,
en las regiones supremas
del fuego, rayo de pluma,
o desasido cometa.
Encarecí el vuelo altivo
diciendo— "Al fin eres reina
de las aves, y así, a todas
es justo que te prefieras."
Él no hubo menester más;
que en tocando esta materia
de la majestad, discurre
con ambición y soberbia;
porque, en efecto, la sangre
le incita, mueve y alienta

a cosas grandes, y dijo—
"¡Que en la república inquieta
de las aves también haya
quien les jure la obediencia!
En llegado a este discurso,
mis desdichas me consuelan;
pues, por lo menos, si estoy
sujeto, lo estoy por fuerza;
porque voluntariamente
a otro hombre no me rindiera."
Viéndole ya enfurecido
con esto, que ha sido el tema
de su dolor, le brindé
con la pócima, y apenas
pasó desde el vaso al pecho
el licor, cuando las fuerzas
rindió al sueño, discurriendo
por los miembros y las venas
un sudor frío, de modo
que, a no saber yo que era
muerte fingida, dudara
de su vida. En esto llegan
las gentes de quien tú fías
el valor de esta experiencia,

y poniéndole en un coche,

hasta tu cuarto le llevan,

donde prevenida estaba

la majestad y grandeza

que es digna de su persona.

Allí en tu cama le acuestan,

donde al tiempo que el letargo

haya perdido la fuerza,

como a ti mismo, señor,

le sirvan, que así lo ordenas.

Y si haberte obedecido

te obliga a que yo merezca

galardón, sólo te pido

-perdona mi inadvertencia- que me digas, ¿qué es tu intento,

trayendo de esta manera

a Segismundo a palacio?

BASILIO— Clotaldo, muy justa es esa

duda que tienes, y quiero

sólo a vos satisfacerla.

A Segismundo, mi hijo,

el influjo de su estrella,

-vos lo sabéis-, amenaza

mil desdichas y tragedias;

quiero examinar si el cielo

-que no es posible que mienta,

y más habiéndonos dado

de su rigor tantas muestras,

en su cruel condición-

o se mitiga, o se templa

por lo menos, y, vencido,

con valor y con prudencia

se desdice; porque el hombre

predomina en las estrellas.

Esto quiero examinar,

trayéndole donde sepa

que es mi hijo, y donde haga

de su talento la prueba.

Si magnánimo se vence,

reinará; pero si muestra

el ser cruel y tirano,

le volveré a su cadena.

Agora preguntarás,

que para aquesta experiencia,

¿qué importó haberle traído

dormido de esta manera?

Y quiero satisfacerte,

dándote a todo respuesta.

Si él supiera que es mi hijo

hoy, y mañana se viera
segunda vez reducido
a su prisión y miseria,
cierto es de su condición
que desesperara en ella;
porque, sabiendo quién es,
¿qué consuelo habrá que tenga?
Y así he querido dejar
abierta al daño esta puerta
del decir que fue soñado
cuanto vio. Con esto llegan
a examinarse dos cosas;
su condición, la primera;
pues él despierto procede
en cuanto imagina y piensa;
y en consuelo, la segunda,
pues, aunque agora se vea
obedecido, y después
a sus prisiones se vuelva,
podrá entender que soñó,
y hará bien cuando lo entienda;
porque en el mundo, Clotaldo,
todos lo que viven sueñan.

CLOTALDO— Razones no me faltaran

para probar que no aciertas;

mas ya no tiene remedio;

y, según dicen las señas,

parece que ha despertado

y hacia nosotros se acerca.

BASILIO— Yo me quiero retirar;

tú, como ayo suyo, llega,

y de tantas confusiones

como su discurso cercan,

le saca con la verdad.

CLOTALDO— ¿En fin, que me das licencia

para que lo diga?

BASILIO— Sí;

que podrá ser, con saberla,

que, conocido el peligro,

más fácilmente se venza.

Vase el rey BASILIO y sale CLARÍN

CLARÍN— (A costa de cuatro palos,

Aparte

que el llegar aquí me cuesta,

de un alabardero rubio

que barbó de su librea,

tengo de ver cuanto pasa;

que no hay ventana más cierta

que aquella que, sin rogar

a un ministro de boletas,

un hombre se trae consigo;

pues para todas las fiestas,

despojado y despejado

se asoma a su desvergüenza).

CLOTALDO— (Éste es Clarín, el criado

Aparte de aquélla, ¡ay cielos!, de aquélla

que, tratante de desdichas,

pasó a Polonia mi afrenta).

Clarín, ¿qué hay de nuevo?

CLARÍN— Hay,

señor, que tu gran clemencia,

dispuesta a vengar agravios

de Rosaura, la aconseja

que tome su propio traje.

CLOTALDO— Y es bien, por que no parezca

liviandad.

CLARÍN— Hay, que mudando

su nombre, y tomando, cuerda,

nombre de sobrina tuya,

hoy tanto honor se acrecienta,

que dama en palacio ya

de la singular Estrella

vive.

CLOTALDO— Es bien que de una vez
tome su honor por mi cuenta.

CLARÍN— Hay, que ella se está esperando que ocasión y tiempo venga
en que vuelvas por su honor.

CLOTALDO— Prevención segura es ésa;
que, al fin, el tiempo ha de ser
quien haga esas diligencias.

CLARÍN— Hay, que ella está regalada,
servida como una reina,
en fe de sobrina tuya.
Y hay, que viniendo con ella,
estoy yo muriendo de hambre
y nadie de mí se acuerda,
sin mirar que soy Clarín,
y que si el tal Clarín suena,
podrá decir cuanto pasa
al rey, a Astolfo y a Estrella;
porque Clarín y crïado
son dos cosas que se llevan
con el secreto muy mal;
y podrá ser, si me deja
el silencio de su mano,
se cante por mí esta letra—

"Clarín que rompe el albor,

no suena mejor."

CLOTALDO— Tu queja está bien fundada;

yo satisfaré tu queja,

y en tanto, sírveme a mí.

CLARÍN— Pues ya Segismundo llega.

Salen músicos cantando, y criados dando de

vestir a SEGISMUNDO, que sale como

asombrado

SEGISMUNDO— ¡Válgame el cielo! ¿Qué

veo?

Válgame el cielo! ¿Qué miro?

Con poco espanto lo admiro,

con mucha duda lo creo.

¿Yo en palacios suntuosos?

¿Yo entre telas y brocados?

¿Yo cercado de criados

tan lucidos y briosos?

¿Yo despertar de dormir

en lecho tan excelente?

¿Yo en medio de tanta gente

que me sirva de vestir?

¡Decir que es sueño es engaño!

Bien sé que despierto estoy.

¿Yo Segismundo no soy?

Dadme, cielos, desengaño.

Decidme, ¿qué pudo ser

esto que a mi fantasía

sucedió mientras dormía,

que aquí me he llegado a ver?

Pero sea lo que fuere,

¿Quién me mete en discurrir?

Dejarme quiero servir,

y venga lo que viniere.

CRIADO 2— ¡Qué melancólico está!

CRIADO 1— Pues a quién le sucediera

esto, que no lo estuviera?

CLARÍN— A mí.

CRIADO 2— Llega a hablarle ya.

CRIADO 1— ¿Volverán a cantar?

SEGISMUNDO— No.

No quiero que canten más.

CRIADO 2— Como tan suspenso estás,

quise divertirte.

SEGISMUNDO— Yo

no tengo de divertir

con sus voces mis pesares;

las músicas militares

sólo he gustado de oír.

CLOTALDO— Vuestra alteza, gran señor,

me dé su mano a besar,

que el primero le ha de dar

esta obediencia mi honor.

SEGISMUNDO— (Clotaldo es. Pues, ¿cómo

así Aparte

quien en prisión me maltrata,

con tal respeto me trata?

¿Qué es lo que pasa por mí?)

CLOTALDO— Con la grande confusión

que el nuevo estado te da,

mil dudas padecerá

el discurso y la razón;

pero ya librarte quiero

de todas, si puede ser,

porque has, señor, de saber

que eres príncipe heredero

de Polonia. Si has estado

retirado y escondido,

por obedecer ha sido

a la inclemencia del hado,

que mil tragedias consiente

a este imperio, cuando en él

el soberano laurel
corone tu augusta frente.
Mas, fiando a tu atención
que vencerás las estrellas,
porque es posible vencellas
a un magnánimo varón,
a palacio te han traído
de la torre en que vivías,
mientras al sueño tenías
el espíritu rendido.
Tu padre, el rey mi señor,
vendrá a verte, y de él sabrás,
Segismundo, lo demás.

SEGISMUNDO— Pues, vil, infame, traidor,
¿qué tengo más que saber,
después de saber quien soy,
para mostrar desde hoy
mi soberbia y mi poder?
¿Cómo a tu patria le has hecho
tal traición, que me ocultaste
a mí pues que me negaste,
contra razón y derecho,
este estado?

CLOTALDO— ¡Ay de mí, triste!

SEGISMUNDO— Traidor fuiste con la ley,

lisonjero con el rey,

y cruel conmigo fuiste.

Y así el rey, la ley y yo,

entre desdichas tan fieras,

te condenan a que mueras

a mis manos.

CRIADO 2— ¡Señor!...

SEGISMUNDO— No

me estorbe nadie, que es vana

diligencia. ¡Y vive Dios!

Si os ponéis delante vos,

que os eche por la ventana.

CRIADO 1— Huye Clotaldo.

CLOTALDO— ¡Ay de ti,

que soberbia vas mostrando

sin saber que están soñando!

Vase CLOTALDO

CRIADO 2— Advierte...

SEGISMUNDO— Apartad de aquí.

CRIADO 2— ...que a su rey obedeció.

SEGISMUNDO— En lo que no es justa ley

no ha de obedecer al rey;

y su príncipe era yo.

CRIADO 2— Él no debió examinar

si era bien hecho o mal hecho.

SEGISMUNDO— Que estáis mal con vos sospecho,

pues me dais que replicar.

CLARÍN— Dice el príncipe muy bien,

y vos hicisteis muy mal.

CRIADO 1— ¿Quién os dio licencia igual?

CLARÍN— Yo me la he tomado.

SEGISMUNDO— ¿Quién

eres tú, di?

CLARÍN— Entremetido.

Y de este oficio soy jefe,

porque soy el mequetrefe

mayor que se ha conocido.

SEGISMUNDO— Tú sólo en tan nuevos mundos

me has agradado.

CLARÍN— Señor,

soy un grande agradador

de todos los Segismundos.

Sale ASTOLFO

ASTOLFO— ¡Feliz mil veces el día,

oh príncipe, que os mostráis

sol de Polonia, y llenáis
de resplandor y alegría
todos estos horizontes
con tan divino arrebol;
pues que salís como el sol
de debajo de los montes!
Salid, pues, y aunque tan tarde
se corona vuestra frente
del laurel resplandeciente,
tarde muera.

SEGISMUNDO— Dios os guarde.

ASTOLFO— El no haberme conocido
sólo por disculpa os doy
de no honrarme más. Yo soy
Astolfo. Duque he nacido
de Moscovia, y primo vuestro.
Haya igualdad en los dos.

SEGISMUNDO— Si digo que os guarde
Dios,
¿bastante agrado no os muestro?
Pero ya que, haciendo alarde
de quien sois, de esto os quejáis,
otra vez que me veáis,
le diré a Dios que no os guarde.

CRIADO 2— Vuestra alteza considere
que como en montes nacido
con todos ha procedido,
Astolfo, señor, prefiere...
SEGISMUNDO— Cansóme como llegó
grave a hablarme, y lo primero
que hizo, se puso el sombrero.
CRIADO 1— Es grande.
SEGISMUNDO— Mayor soy yo.
CRIADO 2— Con todo eso, entre los dos
que haya más respeto es bien
que entre los demás.
SEGISMUNDO— ¿Y quién
os mete conmigo a vos?

Sale ESTRELLA

ESTRELLA— Vuestra alteza, señor, sea
muchas veces bien venido
al dosel que agradecido
le recibe y le desea;
adonde, a pesar de engaños,
viva augusto y eminente,
donde su vida se cuente
por siglos, y no por años.
SEGISMUNDO— Dime tú agora, ¿quién es

esta beldad soberana?

¿Quién es esta diosa humana,

a cuyos divinos pies

postra el cielo su arrebol?

¿Quién es esta mujer bella?

CLARÍN— Es, señor, tu prima Estrella.

SEGISMUNDO— Mejor dijeras el sol.

Aunque el parabién es bien

darme del bien que conquisto,

de sólo haberos hoy visto

os admito el parabién;

y así, de llegarme a ver

con el bien que no merezco,

el parabién agradezco.

Estrella, que amanecer

podéis, y dar alegría,

al más luciente farol,

¿qué dejáis que hacer al sol,

si os levantáis con el día?

Dadme a besar vuestra mano,

en cuya copa de nieve

el aura candores bebe.

ESTRELLA— Sed más galán cortesano.

ASTOLFO— (Si él toma la mano, yo

                    Aparte
soy perdido).

CRIADO 2— (El pesar sé Aparte
de Astolfo, y le estorbaré).
Advierte, señor, que no
es justo atreverte así,
y estando Astolfo...

SEGISMUNDO— ¿No digo
que vos no os metáis conmigo?

CRIADO 2— Digo lo que es justo.

SEGISMUNDO— A mí
todo eso me causa enfado;
nada me parece justo
en siendo contra mi gusto.

CRIADO 2— Pues yo, señor, he escuchado
de ti que en lo justo es bien
obedecer y servir.

SEGISMUNDO— ¿También oíste decir
que por un balcón, a quien
me canse, sabré arrojar?

CRIADO 2— Con los hombres como yo
no puede hacerse eso.

SEGISMUNDO— ¿No?
¡Por Dios que lo he de probar!

Cógele en los brazos y éntrase, y todos tras él, y torna a salir

ASTOLFO— ¿Qué es esto que llego a ver?

ESTRELLA— Llegad todos a ayudar.

SEGISMUNDO— Cayó del balcón al mar;

¡vive Dios, que pudo ser!

ASTOLFO— Pues medid con más espacio

vuestras acciones severas,

que lo que hay de hombres a fieras,

hay desde un monte a palacio.

SEGISMUNDO— Pues en dando tan severo

en hablar con entereza,

quizá no hallaréis cabeza

en que se os tenga el sombrero.

Vase ASTOLFO y sale el rey BASILIO

BASILIO— ¿Qué ha sido esto?

SEGISMUNDO— Nada ha sido.

A un hombre que me ha cansado,

de ese balcón he arrojado.

CLARÍN— Que es el rey está advertido.

BASILIO— ¿Tan presto? ¿Una vida cuesta

tu venida el primer día?

SEGISMUNDO— Díjome que no podía

hacerse, y gané la apuesta.

BASILIO— Pésame mucho que cuando,
príncipe, a verte he venido,
pensado hallarte advertido,
de hados y estrellas triunfando,
con tanto rigor te vea,
y que la primera acción
que has hecho en esta ocasión,
un grave homicidio sea.
¿Con qué amor llegar podré
a darte agora mis brazos,
si de sus soberbios lazos,
que están enseñados sé
a dar muertes? ¿Quién llegó
a ver desnudo el puñal
que dio una herida mortal,
que no temiese? ¿Quién vio
sangriento el lugar, adonde
a otro hombre dieron muerte,
que no sienta? Que el más fuerte
a su natural responde.
Yo así, que en tus brazos miro
de esta muerte el instrumento,
y miro el lugar sangriento,
de tus brazos me retiro;

y aunque en amorosos lazos

ceñir tu cuello pensé,

sin ellos me volveré,

que tengo miedo a tus brazos.

SEGISMUNDO— Sin ellos me podré estar

como me he estado hasta aquí;

que un padre que contra mí

tanto rigor sabe usar,

que con condición ingrata

de su lado me desvía,

como a una fiera me cría,

y como a un monstruo me trata

y mi muerte solicita,

de poca importancia fue

que los brazos no me dé,

cuando el ser de hombre me quita.

BASILIO— Al cielo y a Dios pluguiera

que a dártele no llegara;

pues ni tu voz escuchara,

ni tu atrevimiento viera.

SEGISMUNDO— Si no me le hubieras dado,

no me quejara de ti;

pero una vez dado, sí,

por habérmele quitado;

que aunque el dar la acción es
más noble y más singular,
es mayor bajeza el dar,
para quitarlo después.

BASILIO— ¡Bien me agradeces el verte
de un humilde y pobre preso,
príncipe ya!

SEGISMUNDO— Pues en eso,
¿qué tengo que agradecerte?
Tirano de mi albedrío,
si viejo y caduco estás,
¿muriéndote, qué me das?
¿Dasme más de lo que es mío?
Mi padre eres y mi rey;
luego toda esta grandeza
me da la naturaleza
por derechos de su ley.
Luego, aunque esté en este estado,
obligado no te quedo,
y pedirte cuentas puedo
del tiempo que me has quitado
libertad, vida y honor;
y así, agradéceme a mí
que yo no cobre de ti,

pues eres tú mi deudor.

BASILIO— Bárbaro eres y atrevido;

cumplió su palabra el cielo;

y así, para el mismo apelo,

soberbio desvanecido.

Y aunque sepas ya quién eres,

y desengañado estés,

y aunque en un lugar te ves

donde a todos te prefieres,

mira bien lo que te advierto—

que seas humilde y blando,

porque quizá estás soñando,

aunque ves que estás despierto.

Vase el rey BASILIO

SEGISMUNDO— ¿Que quizá soñando estoy,

aunque despierto me veo?

No sueño, pues toco y creo

lo que he sido y lo que soy.

Y aunque agora te arrepientas,

poco remedio tendrás;

sé quién soy, y no podrás

aunque suspires y sientas,

quitarme el haber nacido

de esta corona heredero;

y si me viste primero

a las prisiones rendido,

fue porque ignoré quién era;

pero ya informado estoy

de quién soy y sé que soy

un compuesto de hombre y fiera.

Sale ROSAURA, dama

ROSAURA— (Siguiendo a Estrella vengo,

Aparte

y gran temor de hallar a Astolfo tengo;

que Clotaldo desea

que no sepa quién soy, y no me vea,

porque dice que importa al honor mío;

y de Clotaldo fío

su efecto, pues le debo, agradecida,

aquí el amparo de mi honor y vida).

CLARÍN ¿Qué es lo que te ha agradado

más de cuanto hoy has visto y admirado?

SEGISMUNDO— Nada me ha suspendido,

que todo lo tenía prevenido;

mas, si admirar hubiera

algo en el mundo, la hermosura fuera

de la mujer. Leía

una vez en los libros que tenía

que lo que a Dios mayor estudio debe,

era el hombre, por ser un mundo breve;

mas ya que lo es recelo

la mujer, pues ha sido un breve cielo;

y más beldad encierra

que el hombre, cuanto va de cielo a tierra.

¡Y más di es la que miro!

ROSAURA— (El príncipe está aquí; yo me

retiro).

SEGISMUNDO— Oye, mujer, detente;

no juntes el ocaso y el oriente

huyendo al primer paso;

que juntos el oriente y el ocaso,

la lumbre y sombra fría,

serás, sin duda, síncopa del día.

¿Pero qué es lo que veo?

ROSAURA— Lo mismo que estoy viendo,

dudo y creo.

SEGISMUNDO— (Yo he visto esta belleza

Aparte

otra vez).

ROSAURA— (Yo esta pompa, esta grandeza Aparte

he visto reducida

a una estrecha prisión).

SEGISMUNDO— (Ya hallé mi vida). Aparte

Mujer, que aqueste nombre

es le mejor requiebro para el hombre,

¿quién eres? Que sin verte

adoración me debes, y de suerte

por la fe te conquisto,

que me persuado a que otra vez te he visto.

¿Quién eres, mujer bella?

ROSAURA— (Disimular me importa).

Aparte

Soy de Estrella

una infelice dama.

SEGISMUNDO— No digas tal; di el sol, a

cuya llama

aquella estrella vive,

pues de tus rayos resplandor recibe;

yo vi en reino de olores

que presidía entre comunes flores

la deidad de la rosa,

y era su emperatriz por más hermosa;

yo vi entre piedras finas

de la docta academia de sus minas

preferir el diamante,

y ser su emperador por más brillante;

yo en esas cortes bellas

de la inquieta república de estrellas,

vi en el lugar primero

por rey de las estrellas el lucero;

yo en esferas perfetas,

llamando el sol a cortes los planetas,

le vi que presidía

como mayor oráculo del día.

¿Pues cómo, si entre flores, entre estrellas,

piedras, signos, planetas, las más bellas

prefieren, tú has servido

la de menos beldad, habiendo sido

por más bella y hermosa,

sol, lucero, diamante, estrella y rosa?

Sale CLOTALDO

CLOTALDO— (A Segismundo reducir deseo, Aparte

porque, en fin, le he criado; mas ¿qué veo?)

ROSAURA— Tu favor reverencio.

Respóndote retórico el silencio;

cuando tan torpe la razón se halla,

mejor habla, señor, quien mejor calla.

SEGISMUNDO— No has de ausentarte, espera.

¿Cómo quieres dejar de esa manera

a escuras mi sentido?

ROSAURA— Esta licencia a vuestra alteza
pido.
SEGISMUNDO— Irte con tal violencia
no es pedir, es tomarte la licencia.
ROSAURA— Pues si tú no la das, tomarla
espero.
SEGISMUNDO— Harás que de cortés pase a
grosero,
porque la resistencia
es veneno crüel de mi paciencia.
ROSAURA— Pues cuando ese veneno,
de furia, de rigor y saña lleno,
la paciencia venciera,
mi respeto no osara, ni pudiera.
SEGISMUNDO— Sólo por ver si puedo,
harás que pierda a tu hermosura el miedo;
que soy muy inclinado
a vencer lo imposible; hoy he arrojado
de ese balcón a un hombre, que decía
que hacerse no podía;
y así, por ver si puedo, cosa es llana
que arrojaré tu honor por la ventana.
CLOTALDO— (Mucho se va empeñando.
Aparte

¿Qué he de hacer, cielos, cuando

tras un loco deseo

mi honor segunda vez a riesgo veo?)

ROSAURA— No en vano prevenía

a este reino infeliz tu tiranía

escándalos tan fuertes

de delitos, traiciones, iras, muertes.

¿Mas, qué ha de hacer un hombre

que de humano no tiene más que el nombre?

¡Atrevido, inhumano,

cruel, soberbio, bárbaro y tirano,

nacido entre las fieras!

SEGISMUNDO— Porque tú ese baldón no

me dijeras,

tan cortés me mostraba,

pensando que con eso te obligaba;

mas, si lo soy hablando de este modo,

has de decirlo, vive Dios, por todo.

-¡Hola, dejadnos solos, y esa puerta

se cierre, y no entre nadie!

Vase CLARÍN

ROSAURA— (Yo soy muerta).

Aparte

Advierte...

SEGISMUNDO— Soy tirano,

y ya pretendes reducirme en vano.

CLOTALDO— (¡Oh, qué lance tan fuerte!

Aparte

Saldré a estorbarlo, aunque me dé la muerte).

Señor, atiende, mira.

SEGISMUNDO— Segunda vez me has provocado a ira,

viejo caduco y loco.

¿Mi enojo y rigor tienes en poco?

¿Cómo hasta aquí has llegado?

CLOTALDO— De los acentos de esta voz

llamado

a decirte que seas

más apacible, si reinar deseas;

y no, por verte ya de todos dueño,

seas cruel, porque quizá es un sueño.

SEGISMUNDO— A rabia me provocas,

cuando la luz del desengaño tocas.

Veré, dándote muerte,

si es sueño o si es verdad.

Al ir a sacar la daga, se la tiene CLOTALDO

y se arrodilla

CLOTALDO— Yo de esta suerte

librar mi vida espero.

SEGISMUNDO— Quita la osada mano del acero.

CLARÍN— Hasta que gente venga, que tu rigor y cólera detenga, no he de soltarte.

ROSAURA— ¡Ay cielos!

SEGISMUNDO— ¡Suelta, digo! Caduco, loco, bárbaro, enemigo, o será de esta suerte— el darte agora entre mis brazos muerte.

Luchan

ROSAURA— Acudid todos presto, que matan a Clotaldo.

Vase ROSAURA. Sale ASTOLFO a tiempo que cae CLOTALDO a sus pies, y él se pone en medio

ASTOLFO— ¿Pues, qué es esto, príncipe generoso? ¿Así se mancha acero tan brïoso en una sangre helada? Vuelva a la vaina tu lucida espada.

SEGISMUNDO— En viéndola teñida en esa infame sangre.

ASTOLFO— Ya su vida

tomó a mis pies sagrado;

y de algo ha servirme haber llegado.

SEGISMUNDO— Sírvate de morir, pues de esta suerte

también sabré vengarme, con tu muerte,

de aquel pasado enojo.

ASTOLFO— Yo defiendo

mi vida; así la majestad no ofendo.

Sacan las espadas, y sale el rey BASILIO y ESTRELLA

CLOTALDO— No le ofendas, señor.

BASILIO— ¿Pues, aquí espadas?

ESTRELLA— (¡Astolfo es, ay de mí, penas airadas!)

BASILIO— ¿Pues, qué es lo que ha pasado?

ASTOLFO— Nada, señor, habiendo tú llegado.

Envainan

SEGISMUNDO— Mucho, señor, aunque hayas tú venido;

yo a ese viejo matar he pretendido.

BASILIO— Respeto no tenías

a estas canas?

CLOTALDO— Señor, ved que son mías;

que no importa veréis.

SEGISMUNDO— Acciones vanas,
querer que tengo yo respeto a canas;
pues aun ésas podría
ser que viese a mis plantas algún día;
porque aun no estoy vengado
del modo injusto con que me has crïado.

Vase SEGISMUNDO

BASILIO— Pues antes que lo veas,
volverás a dormir adonde creas
que cuanto te ha pasado,
como fue bien del mundo, fue soñado.

Vase el rey BASILIO y CLOTALDO; quedan
ESTRELLA y ASTOLFO

ASTOLFO— ¿Qué pocas veces el hado
que dice desdichas, miente,
pues es tan cierto en los males,
cuanto dudoso en los bienes?
¡Qué buen astrólogo fuera,
si siempre casos crüeles
anunciara; pues no hay duda
que ellos fueran verdad siempre!
Conocerse esa experiencia
en mí y Segismundo puede,
Estrella, pues en los dos

hizo muestras diferentes.

En él previno rigores,

soberbias, desdichas, muertes,

y en todo dijo verdad,

porque todo, al fin, sucede;

pero en mí, que al ver, señora,

esos rayos excelentes,

de quien el sol fue una sombra

y el cielo un amago breve,

que me previno venturas,

trofeos, aplausos, bienes,

dijo mal, y dijo bien;

pues sólo es justo que acierte

cuando amaga con favores,

y ejecuta con desdenes.

ESTRELLA— No dudo que esas finezas

son verdades evidentes;

mas serán por otra dama,

cuyo retrato pendiente

trujisteis al cuello cuando

llegasteis, Astolfo, a verme;

y siendo así, esos requiebros

ella sola los merece.

Acudid a que ella os pague,

que no son buenos papeles

en el consejo de amor

las finezas ni las fees

que se hicieron en servicio

de otras damas y otros reyes.

Sale ROSAURA al paño

ROSAURA— (¡Gracias a Dios, que han llegado *Aparte*

ya mis desdichas crüeles

al término suyo, pues

quien esto ve nada teme!)

ASTOLFO— Yo haré que el retrato salga

del pecho, para que entre

la imagen de tu hermosura.

Donde entre Estrella no tiene

lugar la sombra, ni estrella

donde el sol; voy a traerle.

(Perdona, Rosaura hermosa, *Aparte*

este agravio, porque ausentes,

no se guardan más fe que ésta

los hombres y las mujeres).

Vase ASTOLFO

ROSAURA— (Nada he podido escuchar,

Aparte

temerosa que me viese).

ESTRELLA— ¡Astrea!

ROSAURA— ¿Señora mía?

ESTRELLA— Heme holgado que tú fueses
la que llegaste hasta aquí;
porque de ti solamente
fiara un secreto.

ROSAURA— Honras,
señora, a quien te obedece.

ESTRELLA— En el poco tiempo, Astrea,
que ya que te conozco, tienes
de mi voluntad las llaves;
por esto, y por ser quien eres,
me atrevo a fiar de ti
lo que aun de mí muchas veces
recaté.

ROSAURA— Tu esclava soy.

ESTRELLA— Pues para decirlo en breve,
mi primo Astolfo -bastara
que mi primo te dijese,
porque hay cosas que se dicen
con pensarlas solamenteha de casarse conmigo,
si es que la fortuna quiere
que con una dicha sola
tantas desdichas descuente.

Pesóme que el primer día
echado al cuello trujese
el retrato de una dama;
habléle en él cortésmente,
es galán y quiere bien;
fue por él, y ha de traerle
aquí. Embarázame mucho
que él a mí a dármele llegue;
quédate aquí, y cuando venga,
le dirás que te lo entregue
a ti. No te digo más;
discreta y hermosa eres;
bien sabrás lo que es amor.
Vase ESTRELLA
ROSAURA— ¡Ojalá no lo supiese!
¡Válgame el cielo! ¿Quién fuera
tan atenta y tan prudente,
que supiera aconsejarse
hoy en ocasión tan fuerte?
¿Habrá persona en el mundo
a quien el cielo inclemente
con más desdichas combata
y con más pesares cerque?
¿Qué haré en tantas confusiones,

donde imposible parece
que halle razón que me alivie,
ni alivio que me consuele?
Desde la primer desdicha,
no hay suceso ni accidente
que otra desdicha no sea;
que unas a otras suceden
herederas de sí mismas.
A la imitación del Fénix,
unas de las otras nacen,
viviendo de lo que mueren,
y siempre de sus cenizas
está el sepulcro caliente.
Que eran cobardes decía
un sabio, por parecerle
que nunca andaba una sola;
yo digo que son valientes,
pues siempre van adelante,
y nunca la espalda vuelven.
Quien las llevare consigo
a todo podrá atreverse,
pues en ninguna ocasión
no haya miedo que le dejen.
Dígalo yo, pues en tantas

como a mi vida suceden,

nunca me he hallado sin ellas,

ni se han cansado hasta verme

herida de la fortuna,

en los brazos de la muerte.

¡Ay de mí! ¿Qué debo hacer

hoy en la ocasión presente?

Si digo quién soy, Clotaldo,

a quien mi vida le debe

este amparo y este honor,

conmigo ofenderse puede;

pues me dice que callando

honor y remedio espere.

Si no he de decir quién soy

a Astolfo, y él llega a verme,

¿cómo he de disimular?

Pues, aunque fingirlo intenten

la voz, la lengua, y los ojos,

les dirá el alma que mienten.

¿Qué haré? ¿Mas para qué estudio

lo que haré, si es evidente

que por más que lo prevenga,

que lo estudie y que lo piense,

en llegando la ocasión

ha de hacer lo que quisiere
el dolor? Porque ninguno
imperio en sus penas tiene.
Y pues a determinar
lo que he de hacer no se atreve
el alma, llegue el dolor
hoy a su término, llegue
la pena a su extremo, y salga
de dudas y pareceres
de una vez; pero hasta entonces
¡valedme, cielos, valedme!

Sale ASTOLFO con el retrato

ASTOLFO— Éste es, señora, el retrato;
mas ¡ay Dios!

ROSAURA— ¿Qué se suspende
vuestra alteza? ¿Qué se admira?

ASTOLFO— De oírte, Rosaura, y verte.

ROSAURA— ¿Yo Rosaura? Hase engañado
vuestra alteza, si me tiene
por otra dama; que yo
soy Astrea, y no merece
mi humildad tan grande dicha
que esa turbación le cueste.

ASTOLFO— Basta, Rosaura, el engaño,

porque el alma nunca miente,

y aunque como a Astrea te mire,

como a Rosaura te quiere.

ROSAURA— No he entendido a vuestra alteza,

y así, no sé responderle;

sólo lo que yo diré

es que Estrella -que lo puede

ser de Venus- me mandó

que en esta parte le espere,

y de la suya le diga

que aquel retrato me entregue

-que está muy puesto en razón-,

y yo misma se lo lleve.

Estrella lo quiere así,

porque aun las cosas más leves

como sean en mi daño

es Estrella quien las quiere.

ASTOLFO— Aunque más esfuerzos hagas,

¡oh, qué mal, Rosaura, puedes disimular! Di a los ojos

que su música concierten

con la voz; porque es forzoso

que desdiga y que disuene

tan destemplado instrumento,

que ajustar y medir quiere

la falsedad de quien dice,

con la verdad de quien siente.

ROSAURA— Ya digo que sólo espero

el retrato.

ASTOLFO— Pues que quieres

llevar al fin el engaño,

con él quiero responderte.

Dirásle, Astrea, a la infanta

que yo la estimo de suerte,

que, pidiéndome un retrato,

poca fineza parece

enviársele, y así,

porque le estime y le precie

le envío el original;

y tú llevársele puedes,

pues ya le llevas contigo,

como a ti misma te lleves.

ROSAURA— Cuando un hombre se dispone,

restado, altivo y valiente,

a salir con una empresa

aunque por trato le entreguen

lo que valga más, sin ella

necio y desairado vuelve.
Yo vengo por un retrato
y aunque un original lleve
que vale más, volveré
desairada; y así, déme
vuestra alteza ese retrato,
que sin él no he de volverme.

ASTOLFO— ¿Pues cómo, si no he de darle,
le has de llevar?

ROSAURA— De esta suerte,
suéltale, ingrato.

ASTOLFO— Es en vano.

ROSAURA— ¡Vive Dios, que no ha de verse
en mano de otra mujer!

ASTOLFO— Terrible estás.

ROSAURA— Y tú aleve.

ASTOLFO— Ya basta, Rosaura mía.

ROSAURA— ¿Yo tuya, villano? Mientes.

Sale ESTRELLA

ESTRELLA— Astrea, Astolfo, ¿qué es esto?

ASTOLFO— (Aquésta es Estrella).

Aparte

ROSAURA— (Déme Aparte
para cobrar mi retrato

ingenio el Amor). Si quieres
saber lo que es, yo, señora,
te lo diré.

ASTOLFO— ¿Qué pretendes?

ROSAURA— Mandásteme que esperase
aquí a Astolfo, y le pidiese
un retrato de tu parte.
Quedé sola, y como vienen
de unos discursos a otros
las noticias fácilmente,
viéndote hablar de retratos,
con su memoria acordéme
de que tenía uno mío
en la manga. Quise verle,
porque una persona sola
con locuras se divierte;
cayóseme de la mano
al suelo; Astolfo, que viene
a entregarte el de otra dama,
le levantó, y tan rebelde
está en dar el que le pides,
que en vez de dar uno, quiere
llevar otro; pues el mío
aun no es posible volverme,

con ruegos y persuasiones;

colérica e impaciente

yo se le quise quitar.

Aquél que en la mano tiene,

es mío; tú lo verás

con ver si se me parece.

ESTRELLA— Soltad, Astolfo, el retrato.

Quítasele

ASTOLFO— Señora...

ESTRELLA— No son crüeles,

a la verdad, los matices.

ROSAURA— ¿No es mío?

ESTRELLA— ¿Qué duda tiene?

ROSAURA— Di que ahora te entregue el

otro.

ESTRELLA— Tomas tu retrato, y vete.

ROSAURA— (Yo he cobrado mi retrato,

Aparte

venga ahora lo que viniere).

Vase ROSAURA

ESTRELLA— Dadme ahora el retrato vos

que os pedí; que aunque no piense

veros ni hablaros jamás,

no quiero, no, que se quede

en vuestro poder, siguiera
porque yo tan neciamente
le he pedido.

ASTOLFO— (¿Cómo puedo Aparte
salir de lance tan fuerte?)
Aunque quiera, hermosa Estrella,
servirte y obedecerte,
no podré darte el retrato
que me pides, porque...

ESTRELLA— Eres
villano y grosero amante.
No quiero que me le entregues;
porque yo tampoco quiero,
con tomarle, que me acuerdes
de que yo te le he pedido.

Vase ESTRELLA

ASTOLFO— Oye, escucha, mira, advierte.
¡Válgame Dios por Rosaura!
¿Dónde, cómo, o de qué suerte
hoy a Polonia has venido
a perderme y a perderte?

Vase ASTOLFO

(En la torre de SEGISMUNDO)

Descúbrese SEGISMUNDO, como al principio, con pieles y cadena, durmiendo el suelo;

salen CLOTALDO, CLARÍN y los dos criados

CLOTALDO— Aquí le habéis de dejar

pues hoy su soberbia acaba

donde empezó.

CRIADO 1— Como estaba,

la cadena vuelvo a atar.

CLARÍN— No acabes de despertar,

Segismundo, para verte

perder, trocada la suerte

siendo tu gloria fingida,

una sombra de la vida

y una llama de la muerte.

CLOTALDO— A quien sabe discurrir,

así, es bien que se prevenga

una estancia, donde tenga

harto lugar de argüir.

Éste es el que habéis de asir

y en ese cuarto encerrar.

CLARÍN— ¿Por qué a mí?

CLOTALDO— Porque ha de estar

guardado en prisión tan grave,

Clarín que secretos sabe,

donde no pueda sonar.

CLARÍN— ¿Yo, por dicha, solicito

dar muerte a mi padre? No.

¿Arrojé del balcón yo

al Icaro de poquito?

¿Yo muero ni resucito?

¿Yo sueño o duermo? ¿A qué fin

me encierran?

CLOTALDO— Eres Clarín.

CLARÍN— Pues ya digo que seré

corneta, y que callaré,

que es instrumento ruín.

Llévanle a CLARÍN. Sale el rey BASILIO,

rebozado

BASILIO— ¿Clotaldo?

CLOTALDO— ¡Señor! ¿Así

viene vuestra majestad?

BASILIO— La necia curiosidad

de ver lo que pasa aquí

a Segismundo, ¡ay de mí!

de este modo me ha traído.

CLOTALDO— Mírale allí, reducido

a su miserable estado.

BASILIO— ¡Ay, príncipe desdichado

y en triste punto nacido!

Llega a despertarle, ya

que fuerza y vigor perdió

con el opio que bebió.

CLOTALDO— Inquieto, señor, está,

y hablando.

BASILIO— ¿Qué soñará

agora? Escuchemos, pues.

En sueños

SEGISMUNDO— Piadoso príncipe es

el que castiga tiranos;

muera Clotaldo a mis manos,

bese mi padre mis pies.

CLOTALDO— Con la muerte me amenaza.

BASILIO— A mí con rigor y afrenta.

CLOTALDO— Quitarme la vida intenta.

BASILIO— Rendirme a sus plantas traza.

SEGISMUNDO— Salga a la anchurosa plaza

del gran teatro del mundo

este valor sin segundo;

porque mi venganza cuadre,

vean triunfar de su padre

al príncipe Segismundo.

Despierta

SEGISMUNDO Mas, ¡ay de mí! ¿Dónde estoy?

BASILIO— Pues a mí no me ha de ver; ya sabes lo que has de hacer. Desde allí a escucharle voy.

Retírase el rey BASILIO

SEGISMUNDO— ¿Soy yo por ventura? ¿Soy el que preso y aherrojado llego a verme en tal estado? ¿No sois mi sepulcro vos, torre? Sí. ¡Válgame Dios, qué de cosas he soñado!

CLOTALDO— (A mí me toca llegar,

Aparte

a hacer la desecha agora).

SEGISMUNDO— ¿Es ya de despertar hora?

CLOTALDO— Sí, hora es ya de despertar. ¿Todo el día te has de estar durmiendo? ¿Desde que yo al águila que voló con tarda vista seguí y te quedaste tú aquí, nunca has despertado?

SEGISMUNDO— No.

Ni aun agora he despertado;

que según, Clotaldo, entiendo,

todavía estoy durmiendo,

y no estoy muy engañado;

porque si ha sido soñado

lo que vi palpable y cierto,

lo que veo será incierto;

y no es mucho que, rendido,

pues veo estando dormido,

que sueñe estando despierto.

CLOTALDO— Lo que soñaste me di.

SEGISMUNDO— Supuesto que sueño fue,

no diré lo que soñé;

lo que vi, Clotaldo, sí.

Yo desperté, y yo me vi,

-¡qué crueldad tan lisonjera!-

en un lecho, que pudiera

con matices y colores

ser el catre de las flores

que tejió la primavera.

Aquí mil nobles, rendidos

a mis pies nombre me dieron

de su príncipe, y sirvieron

galas, joyas y vestidos.

La calma de mis sentidos

tú trocaste en alegría,

diciendo la dicha mía;

que, aunque estoy de esta manera,

príncipe en Polonia era.

CLOTALDO— Buenas albricias tendría.

SEGISMUNDO— No muy buenas; por traidor,

con pecho atrevido y fuerte

dos veces te daba muerte.

CLOTALDO— ¿Para mí tanto rigor?

SEGISMUNDO— De todos era señor,

y de todos me vengaba;

sólo a una mujer amaba...

que fue verdad, creo yo,

en que todo se acabó,

y esto sólo no se acaba.

Vase el rey BASILIO

CLOTALDO— (Enternecido se ha ido

Aparte

el rey de haberle escuchado).

Como habíamos hablado

de aquella águila, dormido,

tu sueño imperios han sido;

mas en sueños fuera bien
entonces honrar a quien
te crió en tantos empeños,
Segismundo, que aun en sueños
no se pierde el hacer bien.

Vase CLOTALDO

SEGISMUNDO— Es verdad; pues reprimamos
esta fiera condición,
esta furia, esta ambición,
por si alguna vez soñamos;
y sí haremos, pues estamos
en mundo tan singular,
que el vivir sólo es soñar;
y la experiencia me enseña
que el hombre que vive, sueña
lo que es, hasta despertar.
Sueña el rey que es rey, y vive
con este engaño mandando,
disponiendo y gobernando;
y este aplauso, que recibe
prestado, en el viento escribe,
y en cenizas le convierte
la muerte, ¡desdicha fuerte!
¿Que hay quien intente reinar,

viendo que ha de despertar
en el sueño de la muerte!
Sueña el rico en su riqueza,
que más cuidados le ofrece;
sueña el pobre que padece
su miseria y su pobreza;
sueña el que a medrar empieza,
sueña el que afana y pretende,
sueña el que agravia y ofende,
y en este mundo, en conclusión,
todos sueñan lo que son,
aunque ninguno lo entiende.
Yo sueño que estoy aquí
de estas prisiones cargado,
y soñé que en otro estado
más lisonjero me vi.
¿Qué es la vida? Un frenesí.
¿Qué es la vida? Una ficción,
una sombra, una ilusión,
y el mayor bien es pequeño;
que toda la vida es sueño,
y los sueños, sueños son.

FIN DEL SEGUNDO ACTO

TERCER ACTO

(En la torre)

Sale CLARÍN

CLARÍN— En una encantada torre,
por lo que sé, vivo preso.
¿Qué me harán por lo que ignoro
si por lo que sé me han muerto?
¡Que un hombre con tanta hambre
viniese a morir viviendo!
Lástima tengo de mí.
Todos dirán— "bien lo creo;"
y bien se puede creer,
pues para mí este silencio
no conforma con el nombre
Clarín, y callar no puedo.
Quien me hace compañía
aquí, si a decirlo acierto,
son arañas y ratones.
¡Miren qué dulces jilgueros!
De los sueños de esta noche
la triste cabeza tengo
llena de mil chirimías,
de trompetas y embelecos,
de procesiones, de cruces,

de disciplinantes; y éstos
unos suben, otros bajan,
otros se desmayan, viendo
la sangre que llevan otros;
mas yo, la verdad diciendo,
de no comer me desmayo;
que en esta prisión me veo,
donde ya todos los días
en el filósofo leo
Nicomedes, y las noches
en el concilio Niceno.
Si llaman santo al callar,
como en calendario nuevo
San Secreto es para mí,
pues le ayuno y no le huelgo;
aunque está bien merecido
el castigo que padezco,
pues callé, siendo crïado,
que es el mayor sacrilegio.

Ruido de cajas y gente, y dicen dentro

SOLDADO 1º— Ésta es la torre en que está.
Echad la puerta en el suelo;
entrad todos.

CLARÍN— ¡Vive Dios!

Que a mí me buscan, es cierto,

pues que dicen que aquí estoy.

¿Qué me querrán?

Salen los soldados que pudieren

SOLDADO 1º Entrad dentro.

SOLDADO 2º— Aquí está.

CLARÍN— No está.

TODOS— Señor...

CLARÍN— (¿Si vienen borrachos éstos?)

Aparte

SOLDADO 2º— Tú nuestro príncipe eres.

Ni admitimos ni queremos

sino al señor natural,

y no príncipe extranjero.

A todos nos da los pies.

TODOS— ¡Viva el gran príncipe nuestro!

CLARÍN— (¡Vive Dios, que va de veras!

Aparte

¿Si es costumbre en este reino

prender uno cada día

y hacerle príncipe, y luego

volverle a la torre? Sí,

pues cada día lo veo;

fuerza es hacer mi papel).

TODOS— Danos tus plantas.

CLARÍN— No puedo,

porque las he menester

para mí, y fuera defecto

ser príncipe desplantado.

SOLDADO 1º— Todos a tu padre mismo

le dijimos que a ti solo

por príncipe conocemos,

no al de Moscovia.

CLARÍN— ¿A mi padre

le perdisteis el respeto?

Sois unos tales por cuales.

SOLDADO 1º— Fue lealtad de nuestros pechos.

CLARÍN— Si fue lealtad, yo os perdono.

SOLDADO 2º— Sal a restaurar tu imperio.

¡Viva Segismundo!

TODOS— ¡Viva!

CLARÍN— (¿Segismundo dicen? ¡Bueno!

Aparte

Segismundo llaman todos

los príncipes contrahechos).

Sale SEGISMUNDO

SEGISMUNDO— ¿Quién nombra aquí a Segismundo?

CLARÍN— (¡Mas que soy príncipe huero!)

Aparte

SOLDADO 2º— ¿Quién es Segismundo?

SEGISMUNDO— Yo.

SOLDADO 2º— ¿Pues, cómo, atrevido y necio,
tú te hacías Segismundo?

CLARÍN— ¿Yo Segismundo? Eso niego,
que vosotros fuisteis quien
me segismundeasteis, luego
vuestra ha sido solamente
necedad y atrevimiento.

SOLDADO 1º— Gran príncipe Segismundo
-que las señas que traemos
tuyas son, aunque por fe
te aclamamos señor nuestro-,
tu padre, el gran rey Basilio,
temeroso que los cielos
cumplan un hado, que dice
que ha de verse a tus pies puesto,
vencido de ti, pretende
quitarte acción y derecho
y dársela a Astolfo, duque
de Moscovia. Para esto
juntó su corte, y el vulgo,
penetrando ya, y sabiendo

que tiene rey natural,

no quiere que un extranjero

venga a mandarle. Y así,

haciendo noble desprecio

de la inclemencia del hado,

te ha buscado donde preso

vives, para que valido

de sus armas, y saliendo

de esta torre a restaurar

tu imperial corona y cetro,

se la quites a un tirano.

Sal, pues; que en ese desierto,

ejército numeroso

de bandidos y plebeyos

te aclama. La libertad

te espera. Oye sus acentos.

DENTRO— ¡Viva Segismundo, viva!

SEGISMUNDO— ¿Otra vez? ¿Qué es esto cielos?

¿Queréis que sueñe grandezas

que ha de deshacer el tiempo?

¿Otra vez queréis que vea

entre sombras y bosquejos

la majestad y la pompa

desvanecida del viento?
¿Otra vez queréis que toque
el desengaño os el riesgo
a que el humano poder
nace humilde y vive atento?
Pues no ha de ser, no ha de ser.
Miradme otra vez sujeto
a mi fortuna; y pues sé
que toda esta vida es sueño,
idos, sombras, que fingís
hoy a mis sentidos muertos
cuerpo y voz, siendo verdad
que ni tenéis voz ni cuerpo;
que no quiero majestades
fingidas, pompas no quiero,
fantásticas ilusiones
que al soplo menos ligero
del aura han de deshacerse,
bien como el florido almendro,
que por madrugar sus flores,
sin aviso y sin consejo,
al primero soplo se apagan,
marchitando y desluciendo
de sus rosados capullos

belleza, luz y ornamento.

Ya os conozco, ya os conozco,

y sé que os pasa lo mismo

con cualquiera que se duerme;

para mí no hay fingimientos;

que, desengañado ya,

sé bien que la vida es sueño.

SOLDADO 2º— Si piensas que te engañamos,

vuelve a ese monte soberbio

los ojos, para que veas

la gente que aguarda en ellos

para obedecerte.

SEGISMUNDO— Ya

otra vez vi aquesto mesmo

tan clara y distintamente

como agora lo estoy viendo,

y fue sueño.

SOLDADO 2º— Cosas grandes

siempre, gran señor, trujeron

anuncios; y esto sería,

si lo soñaste primero.

SEGISMUNDO— Dices bien. Anuncio fue

y caso que fuese cierto,

pues la vida es tan corta,

soñemos, alma, soñemos
otra vez; pero ha de ser
con atención y consejo
de que hemos de despertar
de este gusto al mejor tiempo;
que llevándolo sabido,
será el desengaño menos;
que es hacer burla del daño
adelantarle el consejo.
Y con esta prevención,
de que cuando fuese cierto,
es todo el poder prestado
y ha de volverse a su dueño,
atrevámonos a todo.
Vasallos, yo os agradezco
la lealtad; en mí lleváis
quien os libre, osado y diestro,
de extranjera esclavitud.
Tocad al arma, que presto
veréis mi inmenso valor.
Contra mi padre pretendo
tomar armas, y sacar
verdaderos a los cielos.
Presto he de verle a mis plantas...

(Mas si antes de esto despierto, Aparte

¿no será bien no decirlo,

supuesto que no he de hacerlo?)

TODOS— ¡Viva Segismundo, viva!

Sale CLOTALDO

CLOTALDO— ¿Qué alboroto es éste, cielos?

SEGISMUNDO— Clotaldo.

CLOTALDO— Señor... (En mí Aparte

su rigor prueba).

CLARÍN— (Yo apuesto Aparte

que le despeña del monte).

Vase CLARÍN

CLOTALDO— A tus reales plantas llego,

ya sé que a morir.

SEGISMUNDO— Levanta,

levanta, padre, del suelo;

que tú has de ser norte y guía

de quien fíe mis aciertos;

que ya sé que mi crianza

a tu mucha lealtad debo.

Dame los brazos.

CLOTALDO— ¿Qué dices?

SEGISMUNDO— Que estoy soñando, y que

quiero

obrar bien, pues no se pierde
obrar bien, aun entre sueños.
CLOTALDO— Pues, señor, si el obrar bien
es ya tu blasón, es cierto
que no te ofenda el que yo
hoy solicite lo mesmo.
¡A tu padre has de hacer guerra!
Yo aconsejarte no puedo
contra mi rey, ni valerte.
A tus plantas estoy puesto;
dame la muerte.
SEGISMUNDO— ¡Villano,
traidor, ingrato! (Mas, ¡cielos!, Aparte
reportarme me conviene,
que aún no sé si estoy despierto).
Clotaldo, vuestro valor
os envidio y agradezco.
Idos a servir al rey
que en el campo nos veremos.
Vosotros, tocad al arma.
CLOTALDO— Mil veces tus plantas beso.
SEGISMUNDO— A reinar, Fortuna, vamos;
no me despiertes, si duermo,
y si es verdad, no me duermas.

Mas, sea verdad o sueño,

obrar bien es lo que importa.

Si fuere verdad, por serlo;

si no, por ganar amigos

para cuando despertemos.

Vanse y tocan al arma

(Salón del palacio real)

Salen el rey BASILIO y ASTOLFO

BASILIO— ¿Quién, Astolfo, podrá parar prudente

la furia de un caballo desbocado?

¿Quién detener de un río la corriente

que corre al mar soberbio y despeñado?

¿Quién un peñasco suspender, valiente,

de la cima de un monte desgajado?

Pues todo fácil de parar ha sido

y un vulgo no, soberbio y atrevido.

Dígalo en bandos el rumor partido,

pues se oye resonar en lo profundo

de los montes el eco repetido;

unos ¡Astolfo!, y otros ¡Segismundo!

El dosel de la jura, reducido

a segunda intención, a horror segundo,

teatro funesto es, donde importuna

representa tragedias la Fortuna.

ASTOLFO— Suspéndase, señor, el alegría;
cese el aplauso y gusto lisonjero
que tu mano feliz me prometía;
que si Polonia, a quien mandar espero,
hoy se resiste a la obediencia mía,
es porque la merezca yo primero.
Dadme un caballo, y de arrogancia lleno,
rayo descienda el que blasona trueno.

Vase ASTOLFO

BASILIO— Poco reparo tiene lo infalible,
y mucho riesgo lo previsto tiene;
y si ha de ser, la defensa es imposible
de quien la excusa más, más la previene.
¡Dura ley! ¡Fuerte caso! ¡Horror terrible!
quien piensa que huye el riesgo, al riesgo viene;
con lo que yo guardaba me he perdido;
yo mismo, yo mi patria he destruído.

Sale ESTRELLA

ESTRELLA— Si tu presencia, gran señor, no trata
de enfrenar el tumulto sucedido,
que de uno en otro bando se dilata,
por las calles y plazas dividido,
verás tu reino en ondas de escarlata

nadar, entre la púrpura teñido
de su sangre; que ya con triste modo,
todo es desdichas y tragedias todo.
Tanta es la ruina de tu imperio, tanta
la fuerza del rigor duro y sangriento,
que visto admira, y escuchado espanta;
el sol se turba y se embaraza el viento;
cada piedra un pirámide levanta,
y cada flor construye un monumento;
cada edificio es un sepulcro altivo,
cada soldado un esqueleto vivo.

Sale CLOTALDO

CLOTALDO— ¡Gracias a Dios que vivo a tus
pies llego!

BASILIO— Clotaldo, ¿pues qué hay de Segismundo?

CLOTALDO— Que el vulgo, monstruo despeñado y ciego,
la torre penetró, y de lo profundo
de ella sacó su príncipe, que luego
que vio segunda vez su honor segundo,
valiente se mostró, diciendo fiero
que ha de sacar al cielo verdadero.

BASILIO— Dadme un caballo, porque yo en
persona
vencer valiente a un hijo ingrato quiero;

y en la defensa ya de mi corona,

lo que la ciencia erró, venza el acero.

Vase el rey BASILIO

ESTRELLA— Pues yo al lado del sol seré Belona.

Poner mi nombre junto al tuyo espero;

que he de volar sobre tendidas alas

a competir con la deidad de Palas.

Vase ESTRELLA, y tocan al arma. Sale ROSAURA y detiene a CLOTALDO

ROSAURA— Aunque el valor que se encierra

en tu pecho, desde allí

da voces, óyeme a mí,

que yo sé que todo es guerra.

Ya sabes que yo llegué

pobre, humilde y desdichada

a Polonia, y amparada

de tu valor, en ti halle

piedad; mandásteme, ¡ay cielos!,

que disfrazada viviese

en palacio, y pretendiese

disimulando mis celos,

guardarme de Astolfo. En fin,

él me vio, y tanto atropella

mi honor, que viéndome, a Estrella

de noche habla en un jardín;

de éste la llave he tomado,

y te podré dar lugar

de que en él puedas entrar

a dar fin a mi cuidado.

Aquí, altivo, osado y fuerte,

volver por mi honor podrás,

pues que ya resuelto estás

a vengarme con su muerte.

CLOTALDO— Verdad es que me incliné

desde el punto que te vi,

a hacer, Rosaura, por ti

-testigo tu llanto fuecuanto mi vida pudiese.

Lo primero que intenté

quitarte aquel traje fue;

porque, si Astolfo te viese,

te viese en tu propio traje,

sin juzgar a liviandad

la loca temeridad

que hace del honor ultraje.

En este tiempo trazaba

cómo cobrar se pudiese

tu honor perdido, aunque fuese

-tanto tu honor me arrestabadando muerte a Astolfo. ¡Mira

qué caduco desvarío!
Si bien, no siendo rey mío,
ni me asombra ni me admira.
Darle pensé muerte, cuando
Segismundo pretendió
dármela a mí, y él llegó
su peligro atropellando,
a hacer en defensa mía
muestras de su voluntad,
que fueron temeridad
pasando de valentía.
Pues ¿cómo yo agora -advierte-,
teniendo alma agradecida,
a quien me ha dado la vida
le tengo de dar la muerte?
Y así, entre los dos partido
el afecto y el cuidado,
viendo que a ti te la he dado,
y que de él la he recibido,
no sé a qué parte acudir,
no sé qué parte ayudar.
Si a ti me obligué con dar,
de él lo estoy con recibir,
y así, en la acción ofrece,

nada a mi amor satisface,

porque soy persona que hace,

y persona que padece.

ROSAURA— No tengo que prevenir

que en un varón singular,

cuanto es noble acción el dar,

es bajeza el recibir.

Y este principio asentado,

no has de estarle agradecido,

supuesto que si él ha sido

el que la vida te ha dado,

y tú a mí, evidente cosa

es que él forzó tu nobleza

a que hiciese una bajeza,

y yo una acción generosa.

Luego estás de él ofendido,

luego estás de mí obligado,

supuesto que a mí me has dado

lo que de él has recibido;

y así debes acudir

a mi honor en riesgo tanto,

pues yo le prefiero, cuanto

va de dar a recibir.

CLOTALDO— Aunque la nobleza vive

de la parte del que da,

el agradecerle está

de parte del que recibe;

y pues ya dar he sabido,

ya tengo con nombre honroso

el nombre de generoso;

déjame el de agradecido,

pues le puedo conseguir

siendo agradecido, cuanto

liberal, pues honra tanto

el dar como el recibir.

ROSAURA— De ti recibí la vida,

y tú mismo me dijiste,

cuando la vida me diste,

que la que estaba ofendida

no era vida; luego yo

nada de ti he recibido;

pues vida no vida ha sido

la que tu mano me dio.

Y si debes ser primero

liberal que agradecido

-como de ti mismo he oído-,

que me des la vida espero,

que no me la has dado; y pues

el dar engrandece más,

sé antes liberal; serás

agradecido después.

CLOTALDO— Vencido de tu argumento

antes liberal seré.

Yo, Rosaura, te daré

mi haciendo, y en un convento

vive; que está bien pensado

el medio que solicito;

pues huyendo de un delito,

te recoges a un sagrado,

que cuando tan dividido,

el reino desdichas siente,

no he de ser quien las aumente,

habiendo noble nacido.

Con el remedio elegido

soy con el reino leal,

soy contigo liberal,

con Astolfo, agradecido;

y así escogerle te cuadre,

quedándose entre los dos

que no hiciera, ¡vive Dios!,

más, cuando fuera tu padre.

ROSAURA— Cuando tú mi padre fueras,

sufriera esa injuria yo;

pero no siéndolo, no.

CLOTALDO— ¿Pues qué es lo que hacer esperas?

ROSAURA— Matar al duque.

CLOTALDO— ¿Una dama

que padres no ha conocido,

tanto valor ha tenido?

ROSAURA— Sí.

CLOTALDO— ¿Quién te alienta?

ROSAURA— ¡Mi fama!

CLOTALDO— Mira que a Astolfo has de

ver...

ROSAURA— Todo mi honor lo atropella.

CLOTALDO— ...tu rey, y esposo de Estrella.

ROSAURA— ¡Vive Dios, que no ha de ser!

CLOTALDO— Es locura.

ROSAURA— Ya lo veo.

CLOTALDO— Pues véncela.

ROSAURA— No podré.

CLOTALDO— Pues perderás...

ROSAURA— Ya lo sé.

CLOTALDO— ...vida y honor.

ROSAURA— Bien lo creo.

CLOTALDO— ¿Qué intentas?

ROSAURA— Mi muerte.

CLOTALDO— Mira que ese es despecho.

ROSAURA— Es honor.

CLOTALDO— Es desatino.

ROSAURA— Es valor.

CLOTALDO— Es frenesí.

ROSAURA— Es rabia, es ira.

CLOTALDO— En fin, ¿que no se da medio

a tu ciega pasión.

ROSAURA— No.

CLOTALDO— ¿Quién ha de ayudarte?

ROSAURA— Yo.

CLOTALDO— ¿No hay remedio?

ROSAURA— No hay remedio.

CLOTALDO— Piensa bien si hay otros modos...

ROSAURA— Perderme de otra manera.

Vase ROSAURA

CLOTALDO— Pues si has de perderte, espera,

hija, y perdámonos todos.

Vase CLOTALDO

(Campo)

Tocan y salen, marchando, soldados, CLARÍN

y SEGISMUNDO, vestido de pieles

SEGISMUNDO— Si este día me viera

Roma en los triunfos de su edad primera,
¡oh cuánto se alegrara
viendo lograr una ocasión tan rara
de tener una fiera
que sus grandes ejércitos rigiera,
a cuyo altivo aliento
fuera poca conquista el firmamento!
Pero el vuelo abatamos,
espíritu; no así desvanezcamos
aqueste aplauso incierto,
si ha de pesarme cuando esté despierto,
de haberlo conseguido
para haberlo perdido;
pues mientras menos fuere,
menos se sentirá si se perdiere.

Dentro suena un clarín

CLARÍN— En un veloz caballo
-perdóname, que fuerza es el pintallo
en viniéndome a cuento-,
en quien un mapa se dibuja atento,
pues el cuerpo es la tierra,
el fuego el alma que en el pecho encierra,
la espuma el mar, el aire su suspiro,
en cuya confusión un caos admiro;

pues en el alma, espuma, cuerpo, aliento,

monstruo es de fuego, tierra, mar y viento;

de color remendado,

rucio, y a su propósito rodado,

del que bate la espuela;

que en vez de correr, vuela;

a tu presencia llega

airosa una mujer.

SEGISMUNDO— Su luz me ciega.

CLARÍN— ¡Vive Dios, que es Rosaura!

Vase CLARÍN

SEGISMUNDO— El cielo a mi presencia la

restaura.

Sale ROSAURA, con vaquero, espada y daga

ROSAURA— Generoso Segismundo,

cuya majestad heroica

sale al día de sus hechos

de la noche de sus sombras;

y como el mayor planeta,

que en los brazos de la Aurora

se restituye luciente

a las flores y a las rosas,

y sobre mares y montes,

cuando coronado asoma,

luz esparce, rayos brilla,
cumbres baña, espumas borda;
así amanezcas al mundo,
luciente sol de Polonia,
que a una mujer infelice,
que hoy a tus plantas se arroja,
ampares, por ser mujer
y desdichada; dos cosas,
que para obligar a un hombre
que de valiente blasona,
cualquiera de las dos basta,
de las dos cualquiera sobra.
Tres veces son las que ya
me admiras, tres las que ignoras
quién soy, pues las tres me has visto
en diverso traje y forma.
La primera me creíste
varón, en la rigurosa
prisión, donde fue tu vida
de mis desdichas lisonja.
La segunda me admiraste
mujer, cuando fue la pompa
de tu majestad un sueño,
una fantasma, una sombra.

La tercera es hoy, que siendo
monstruo de una especie y otra,
entre galas de mujer,
armas de varón me adornan.
Y porque, compadecido
mejor mi amparo dispongas,
es bien que de mis sucesos
trágicas fortunas oigas.
De noble madre nací
en la corte de Moscovia,
que, según fue desdichada,
debió de ser muy hermosa.
En ésta puso los ojos
un traidor, que no le nombra
mi voz por no conocerle,
de cuyo valor me informa
el mío; pues siendo objeto
de su idea, siento agora
no haber nacido gentil,
para persuadirme, loca,
a que fue algún dios de aquellos
que en Metamorfosis lloran
-lluvia de oro, cisne y toroDánae, Leda y Europa.
Cuando pensé que alargaba,

citando aleves historias,

el discurso, halle que en él

te he dicho en razones pocas

que mi madre, persuadida

a finezas amorosas,

fue, como ninguna, bella,

y fue infeliz como todas.

Aquella necia disculpa

de fe y palabra de esposa

la alcanza tanto, que aun hoy

el pensamiento la cobra;

habiendo sido un tirano

tan Eneas de su Troya,

que la dejó hasta la espada.

Enváinese aquí su hoja,

que yo la desnudaré

antes que acabe la historia.

De éste, pues, mal dado nudo

que ni ata ni aprisiona,

o matrimonio o delito,

si bien todo es una cosa,

nací yo tan parecida,

que fui un retrato, una copia,

ya que en la hermosura no,

en la dicha y en las obras;
y así, no habré menester
decir que, poco dichosa,
heredera de fortunas,
corrí con ella una propia.
Lo más que podré decirte
de mí, es el dueño que roba
los trofeos de mi honor,
los despojos de mi honra.
Astolfo... ¡ay de mí!, al nombrarle
se encoleriza y se enoja
el corazón, propio efecto
de que enemigo se nombra.
Astolfo fue el dueño ingrato
que, olvidado de las glorias
-porque en un pasado amor
se olvida hasta la memoria-,
vino a Polonia llamado
de su conquista famosa,
a casarse con Estrella,
que fue de mi ocaso antorcha.
¿Quién creerá que habiendo sido
una estrella quien conforma
dos amantes, sea una Estrella

la que los divida agora?
Yo ofendida, yo burlada,
quedé triste, quedé loca,
quedé muerta, quedé yo,
que es decir, que quedó toda
la confusión del infierno
cifrada en mi Babilonia;
y declarándome muda,
porque hay penas y congojas
que las dicen los afectos
mucho mejor que la boca,
dije mis penas callando,
hasta que una vez a solas,
Violante, mi madre, ¡ay cielos!,
rompió la prisión, y en tropa
del pecho salieron juntas,
tropezando unas con otras.
No me embaracé en decirlas;
que en sabiendo una persona
que, a quien sus flaquezas cuenta,
ha sido cómplice en otras,
parece que ya le hace
la salva y le desahoga;
que a veces el mal ejemplo

sirve de algo. En fin, piadosa
oyó mis quejas, y quiso
consolarme con las propias;
juez que ha sido delincuente,
¡qué fácilmente perdona!,
y escarmentando en sí misma,
y por negar a la ociosa
libertad, al tiempo fácil,
el remedio de su honra,
no le tuvo en mis desdichas;
por mejor consejo toma
que le siga, y que le obligue,
con finezas prodigiosas,
a la deuda de mi honor;
y para que a menos cosa
fuese, quiso mi fortuna
que en traje de hombre me ponga.
Descolgó una antigua espada,
que es ésta que ciño. Agora
es tiempo que se desnude,
como prometí, la hoja,
pues confiada en sus señas,
me dijo, "Parte a Polonia,
y procura que te vean

ese acero que te adorna,
los más nobles; que en alguno
podrá ser que hallen piadosa
acogida tus fortunas,
y consuelo tus congojas."
Llegué a Polonia, en efecto;
pasemos, pues que no importa
el decirlo, y ya se sabe,
que un bruto que se desboca
me llevó a tu cueva, adonde
tú de mirarme te asombras.
Pasemos que allí Clotaldo
de mi parte se apasiona,
que pide mi vida al rey,
que el rey mi vida le otorga,
que, informado de quién soy,
me persuade a que me ponga
mi propio traje, y que sirva
a Estrella, donde ingeniosa
estorbé el amor de Astolfo
y el ser Estrella su esposa.
Pasemos que aquí me viste
otra vez confuso, y otra
con el traje de mujer

confundiste entrambas formas;
y vamos a que Clotaldo,
persuadido a que le importa
que se casen y que reinen
Astolfo y Estrella hermosa,
contra mi honor me aconseja
que la pretensión deponga.
Yo, viendo que tú, ¡oh valiente
Segismundo!, a quien hoy toca
la venganza, pues el cielo
quiere que la cárcel rompas
de esa rústica prisión,
donde ha sido tu persona
al sentimiento una fiera,
al sufrimiento una roca,
las armas contra tu patria
y contra tu padre tomas,
vengo a ayudarte, mezclando
entre las galas costosas
de Diana, los arneses
de Palas, vistiendo agora,
ya la tela y ya el acero,
que entrambos juntos me adornan.
Ea, pues, fuerte caudillo,

a los dos juntos importa

impedir y deshacer

estas concertadas bodas—

a mí, porque no se case

el que mi esposo se nombra,

y a ti, porque estando juntos

sus dos estados, no pongan

con más poder y más fuerza

en duda nuestra victoria.

Mujer, vengo a persuadirte

al remedio de mi honra;

y varón, vengo a alentarte

a que cobres tu corona.

Mujer, vengo a enternecerte

cuando a tus plantas me ponga,

y varón, vengo a servirte

cuando a tus gentes socorra.

Mujer, vengo a que me valgas

en mi agravio y mi congoja,

y varón, vengo a valerte

con mi acero y mi persona.

Y así, piensa que si hoy

como a mujer me enamoras,

como varón te daré

la muerte en defensa honrosa
de mi honor; porque he de ser,
en su conquista amorosa,
mujer para darte quejas,
varón para ganar honras.

SEGISMUNDO— (Cielos, si es verdad que
sueño, Aparte
suspendedme la memoria,
que no es posible que quepan
en un sueño tantas cosas.
¡Válgame Dios, quién supiera,
o saber salir de todas,
o no pensar en ninguna!
¿Quién vio penas tan dudosas—
Si soñé aquella grandeza
en que me vi, ¿cómo agora
esta mujer me refiere
unas señas tan notorias?
Luego fue verdad, no sueño;
y si fue verdad -que es otra
confusión y no menor-,
¿cómo mi vida le nombra
sueño? Pues, ¿tan parecidas
a los sueños son las glorias,

que las verdaderas son
tenidas por mentirosas,
y las fingidas por ciertas?
¡Tan poco hay de unas a otras
que hay cuestión sobre saber
si lo que se ve y se goza
es mentira o es verdad!
¿Tan semejante es la copia
al original, que hay duda
en saber si es ella propia?
Pues si es así, y ha de verse
desvanecida entre sombras
la grandeza y el poder,
la majestad, y la pompa,
sepamos aprovechar
este rato que nos toca,
pues sólo se goza en ella
lo que entre sueños se goza.
Rosaura está en mi poder;
su hermosura el alma adora;
gocemos, pues, la ocasión;
el amor las leyes rompa
del valor y confianza
con que a mis plantas se postra.

Esto es sueño; y pues lo es,
soñemos dichas agora,
que después serán pesares.
Mas ¡con mis razones propias
vuelvo a convencerme a mí!
Si es sueño, si es vanagloria,
¿quién por vanagloria humana
pierde una divina gloria?
¿Qué pasado bien no es sueño?
¿Quién tuvo dichas heroicas
que entre sí no diga, cuando
las revuelve en su memoria—
"sin duda que fue soñado
cuanto vi?" Pues si esto toca
mi desengaño, si sé
que es el gusto llama hermosa,
que la convierte en cenizas
cualquiera viento que sopla,
acudamos a lo eterno;
que es la fama vividora
donde ni duermen las dichas,
ni las grandezas reposan.
Rosaura está sin honor;
más a un príncipe le toca

　　　　el dar honor que quitarle.
　　　　¡Vive Dios!, que de su honra
　　　　he de ser conquistador,
　　　　antes que de mi corona.
　　　　Huyamos de la ocasión,
　　　　　que es muy fuerte).
　　　　　A un soldado
　　　　　¡Al arma toca
　　　　que hoy de dar la batalla,
　　　　antes que a las negras sombras
　　　　sepulten los rayos de oro
　　　　entre verdinegras ondas.
ROSAURA— ¡Señor! ¿Pues así te ausentas?
　　　　¿Pues ni una palabra sola
　　　　no te debe mi cuidado,
　　　　ni merece mi congoja?
　　　　¿Cómo es posible, señor,
　　　　que ni me miras ni oigas?
　　　¿Aun no me vuelves el rostro?
SEGISMUNDO— Rosaura, al honor le importa,
　　　　por ser piadoso contigo,
　　　　ser cruel contigo agora.
　　　　No te responde mi voz,
　　　　porque mi honor te responda;

no te hablo, porque quiero

que te hablen por mí mis obras;

ni te miro, porque es fuerza,

en pena tan rigurosa,

que no mire tu hermosura

quien ha de mirar tu honra.

Vase SEGISMUNDO

ROSAURA— ¿Qué enigmas, cielos, son éstas?

Después de tanto pesar,

¡aun me queda que dudar

con equívocas respuestas!

Sale CLARÍN

CLARÍN— ¿Señora, es hora de verte?

ROSAURA— ¡Ay, Clarín! ¿Dónde has estado?

CLARÍN— En una torre encerrado

brujuleando mi muerte,

si me da, o no me da;

y a figura que me diera

pasante quínola fuera

mi vida; que estuve ya

para dar un estallido.

ROSAURA— ¿Por qué?

CLARÍN— Porque sé el secreto

de quién eres, y en efeto,

Dentro cajas

CLOTALDO ¿Pero qué ruido es éste?

ROSAURA— Qué puede ser?

CLARÍN— Que del palacio sitiado

sale un escuadrón armado

a resistir y vencer

el del fiero Segismundo.

ROSAURA— ¿Pues cómo cobarde estoy,

y ya a su lado no soy

un escándalo del mundo,

cuando ya tanta crueldad

cierra sin orden ni ley?

Vase ROSAURA. Hablan dentro

UNOS— ¡Vive nuestro invicto rey!

OTROS— ¡Viva nuestra libertad!

CLARÍN— ¡La libertad y el rey vivan!

Vivan muy enhorabuena;

que a mí nada me da pena

como en cuenta me reciban,

que yo, apartado este día

en tan grande confusión,

haga el papel de Nerón,

que de nada se dolía.

Si bien me quiero doler

de algo, y ha de ser de mí;

escondido desde aquí

toda la fiesta he de ver.

El sitio es oculto y fuerte

entre estas peñas. Pues ya

la muerte no me hallará,

¡dos higas para la muerte!

*Escóndese, suena ruido de armas. Salen el rey
BASILIO, CLOTALDO y ASTOLFO huyendo*

BASILIO— ¿Hay más infelice rey?

¿Hay padre más perseguido?

CLOTALDO— Ya tu ejército vencido

baja sin tino ni ley.

ASTOLFO— Los traidores vencedores

quedan.

BASILIO— En batallas tales

los que vencen son leales,

los vencidos, los traidores.

Huyamos, Clotaldo, pues,

del cruel, del inhumana

rigor de un hijo tirano.

*Disparan dentro y cae CLARÍN, herido, de
donde está*

CLARÍN— ¡Válgame el cielo!

ASTOLFO— ¿Quién es
este infelice soldado,
que a nuestros pies ha caído
en sangre todo teñido?
CLARÍN— Soy un hombre desdichado,
que por quererme guardar
de la muerte, la busqué.
Huyendo de ella, topé
con ella, pues no hay lugar
para la muerte secreto;
de donde claro se arguye
que quien más su efecto huye,
es quien se llega a su efeto.
Por eso tornad, tornad
a la lid sangrienta luego;
que entre las armas y el fuego
hay mayor seguridad
que en el monte más guardado;
que no hay seguro camino
a la fuerza del destino
y a la inclemencia del hado;
y así, aunque a libraros vais
de la muerte con huír.
¡Mirad que vais a morir,

si está de Dios que muráis!

Cae dentro

BASILIO— "¡Mirad que vais a morir

si está de Dios que muráis!"

Qué bien, ¡ay cielos!, persuade

nuestro error, nuestra ignorancia

a mayor conocimiento

este cadáver que habla

por la boca de una herida

siendo el humor que desata

sangrienta lengua que enseña

que son diligencias vanas

del hombre cuantas dispone

contra mayor fuerza y causa!

Pues yo, por librar de muertes

y sediciones mi patria,

vine a entregarle a los mismos

de quien pretendí librarla.

CLOTALDO— Aunque el hado, señor, sabe

todos los caminos, y halla

a quien busca entre los espeso

de las peñas, no es cristiana

determinación decir

que no hay reparo a su saña.

Sí hay, que el prudente varón

  victoria del hado alcanza;

  y si no estás reservado

  de la pena y la desgracia,

  haz por donde te reserves.

ASTOLFO— Clotaldo, señor, te habla

  como prudente varón

  que madura edad alcanza;

  yo, como joven valiente.

  Entre las espesas ramas

  de ese monte está un caballo,

  veloz aborto del aura;

  huye en él, que yo entretanto

  te guardaré las espaldas.

BASILIO— Si está de Dios que yo muera,

  o si la muerte me aguarda

  aquí, hoy la quiero buscar,

  esperando cara a cara.

Tocan al arma y sale SEGISMUNDO y toda compañía

SEGISMUNDO— En lo intricado del monte,

  entre sus espesas ramas,

  el rey se esconde. ¡Seguidle!

  No quede en sus cumbres planta

que no examine el cuidado,

tronco a tronco, y rama a rama.

CLOTALDO— ¡Huye, señor!

BASILIO— ¿Para qué?

ASTOLFO— ¿Qué intentas?

BASILIO— Astolfo, aparta.

CLOTALDO— ¿Qué quieres?

BASILIO— Hacer, Clotaldo,

un remedio que me falta.

A SEGISMUNDO

Si a mí buscándome vas,

ya estoy, príncipe, a tus plantas.

Sea de ellas blanca alfombra

esta nieve de mis canas.

Pisa mi cerviz y huella

mi corona; postra, arrastra

mi decoro y mi respeto;

toma de mi honor venganza,

sírvete de mí cautivo;

y tras prevenciones tantas,

cumpla el hado su homenaje,

cumpla el cielo su palabra.

SEGISMUNDO— Corte ilustre de Polonia,

que de admiraciones tantas

sois testigos, atended,
que vuestro príncipe os habla.
Lo que está determinado
del cielo, y en azul tabla
Dios con el dedo escribió,
de quien son cifras y estampas
tantos papeles azules
que adornan letras doradas;
nunca engañan, nunca mienten,
porque quien miente y engaña
es quien, para usar mal de ellas,
las penetra y las alcanza.
Mi padre, que está presente,
por excusarse a la saña
de mi condición, me hizo
un bruto, una fiera humana;
de suerte que, cuando yo
por mi nobleza gallarda,
por mi sangre generosa,
por mi condición bizarra
hubiera nacido dócil
y humilde, sólo bastara
tal género de vivir,
tal linaje de crïanza,

a hacer fieras mis costumbres;
¡qué buen modo de estorbarlas!
Si a cualquier hombre dijesen
"Alguna fiera inhumana
te dará muerte," ¿escogiera
buen remedio en despertallas
cuando estuviesen durmiendo?
Si dijeras— "Esta espada
que traes ceñida, ha de ser
quien te dé la muerte," vana
diligencia de evitarlo
fuera entonces desnudarla,
y ponérsela a los pechos.
Si dijesen— "Golfos de agua
han de ser tu sepultura
en monumentos de plata,"
mal hiciera en darse al mar,
cuando, soberbio, levanta
rizados montes de nieve,
de cristal crespas montañas.
Lo mismo le ha sucedido
que a quien, porque le amenaza
una fiera, la despierta;
que a quien, temiendo una espada

la desnuda; y que a quien mueve
las ondas de la borrasca.
Y cuando fuera -escuchadme-
dormida fiera mi saña,
templada espada mi furia,
mi rigor quieta bonanza,
la Fortuna no se vence
con injusticia y venganza,
porque antes se incita más;
y así, quien vencer aguarda
a su fortuna, ha de ser
con prudencia y con templanza.
No antes de venir el daño
se reserva ni se guarda
quien le previene; que aunque
puede humilde -cosa es clara-
reservarse de él, no es
sino después que se halla
en la ocasión, porque aquésta
no hay camino de estorbarla.
Sirva de ejemplo este raro
espectáculo, esta extraña
admiración, este horror,
este prodigio; pues nada
es más, que llegar a ver
con prevenciones tan varias,

rendido a mis pies a mi padre

y atropellado a un monarca.

Sentencia del cielo fue;

por más que quiso estorbarla

él, no pudo; ¿y podré yo

que soy menor en las canas,

en el valor y en la ciencia,

vencerla? Señor, levanta.

Dame tu mano, que ya

que el cielo te desengaña

de que has errado en el modo

de vencerle, humilde aguarda

mi cuello a que tú te vengues;

rendido estoy a tus plantas.

BASILIO— Hijo, que tan noble acción

otra vez en mis entrañas

te engendra, príncipe eres.

A ti el laurel y la palma

se te deben; tú venciste;

corónente tus hazañas.

TODOS— ¡Viva Segismundo, viva!

SEGISMUNDO— Pues que ya vencer aguarda

mi valor grandes victorias,

hoy ha de ser la más alta

vencerme a mí. -Astolfo dé
la mano luego a Rosaura,
pues sabe que de su honor
es deuda, y yo he de cobrarla.

ASTOLFO— Aunque es verdad que la debo
obligaciones, repara
que ella no sabe quién es;
y es bajeza y es infamia
casarme yo con mujer...

CLOTALDO— No prosigas, tente, aguarda;
porque Rosaura es tan noble
como tú, Astolfo, y mi espada
lo defenderá en el campo;
que es mi hija, y esto basta.

ASTOLFO— ¿Qué dices?

CLOTALDO— Que yo hasta verla
casada, noble y honrada,
no la quise descubrir.
La historia de esto es muy larga;
pero, en fin, es hija mía.

ASTOLFO— Pues, siendo así, mi palabra
cumpliré.

SEGISMUNDO— Pues, porque Estrella
no quede desconsolada,

viendo que príncipe pierde

de tanto valor y fama,

de mi propia mano yo

con esposo he de casarla

que en méritos y fortuna

si no le excede, le iguala.

Dame la mano.

ESTRELLA— Yo gano

en merecer dicha tanta.

SEGISMUNDO— A Clotaldo, que leal

sirvió a mi padre, le aguardan

mis brazos, con las mercedes

que él pidiere que le haga.

SOLDADO 1º— Si así a quien no te ha servido

honras, ¿a mí, que fui causa

del alboroto del reino,

y de la torre en que estabas

te saqué, qué me darás?

SEGISMUNDO— La torre; y porque no salgas

de ella nunca, hasta morir

has de estar allí con guardas;

que el traidor no es menester

siendo la traición pasada.

BASILIO— Tu ingenio a todos admira.

ASTOLFO— ¡Qué condición tan mudada!

ROSAURA— ¡Qué discreto y qué prudente!

SEGISMUNDO— ¿Qué os admira? ¿Qué os espanta,
si fue mi maestro un sueño,
y estoy temiendo, en mis ansias,
que he de despertar y hallarme
otra vez en mi cerrada
prisión? Y cuando no sea,
el soñarlo sólo basta;
pues así llegué a saber
que toda la dicha humana,
en fin, pasa como sueño,
y quiero hoy aprovecharla
el tiempo que me durare,
pidiendo de nuestras faltas
perdón, pues de pechos nobles
es tan propio el perdonarlas.

FIN

Made in United States
Orlando, FL
04 July 2025